근대 매체에 실린 언어 인식

[언어문화총서 5]

근대 매체에 실린 언어 인식

서 민 정 · 김 인 택 옮김

역락

[언어문화총서 5]

근대 매체에 실린 언어 인식

서 민 정 · 김 인 택 옮김

역락

이 연구는 부산대학교 인문학연구소의 인문한국(HK) [고전번역＋비교 문화학연구단]에서 수행하고 있는 "고전번역학＋비교문화학을 통한 '소통 인문학'의 창출 : 주변과 중심의 횡단을 위해"라는 아젠다에 대해 '언어 문화'의 측면에서 진행하고 있는 <언어문화총서>의 세 번째 역서이다.

첫 번째 역서인 『근대 지식인의 언어 인식 : 문법 관련 저서의 머리 말 역주를 통해』는 19세기 말과 20세기 초 근대 지식인들이 당시에 인 식하였던 언어의 문제에 대해 주로 문법 관련 저서의 머리말을 번역 혹 은 현역한 것이었다.

두 번째 역서인 『번역을 통해 살펴본 근대 한국어를 보는 제국의 시선』 은 한국어에 대해 언급하였던 일본, 미국, 프랑스, 독일 등의 근대 서구 의 지식인들이 출판한 사전이나 언어 관련 저서의 서문을 번역한 책이다.

코젤렉이 언급한 바와 같이 '근대'는 언어 혁명의 시대라고 할 수 있 을 정도로, 근대적 인식은 언어에 대한 인식의 변화와 깊이 관련되어 있 다. 조선의 경우도 크게 다르지 않은데, 근대 조선은 근대라는 시대적 변화와 식민이라는 위기의 상황을 동시에 경험하면서 언어의 문제는 더 이상 '언어'만의 문제가 아니었다. 언어를 통해 근대를 받아들이고, 언 어를 통해 제국에 저항하고, 언어를 통해 '민족'과 '국가'적 이상을 실현 하고자 하였다. 그리고 언어를 통해 또 다른 이상을 추구하고자 하였다.

이번에 나오는 세 번째 역서는 이러한 문제의식 속에서 주로 매체에 실린 언어인식을 살펴본 것이다. 근대기 조선에서 언어는 주로 '한국어 : 한문', '한국어 : 일본어'라는 구도로 설명되어 왔다. 그러나 매체에 실린 자료의 검토를 통해, 이러한 익숙한 관계에 대한 제3의 시각도 다양하게 존재하고 있었으며, '에스페란토'라는 언어에 대해서도 당시에 많은 관심이 있었음을 확인할 수 있었다.

이 역서는 자료의 구성은 시대 순으로 하되, 크게 둘로 구분되어 있다. 1부는 한국어와 관련된 다양한 관점의 글로 구성되어 있고, 2부는 에스페란토와 관련된 글로 구성되어 있다.

총서가 거듭될수록 초심은 잃어가고 한계만 느끼고 있다. 이번 역서도 처음 기획한 방향에서 자료 수집이나 적확한 번역 등에서 아쉬움이 많이 남지만, 독회에서의 성과를 어떤 방식으로든지 정리해야겠기에 자료집을 모은다는 마음으로 용기를 내어 출판을 하게 되었다.

연구단의 언어문화센터 독회에 참여하여 이 연구를 도와준 류속영, 정진영, 김정혜, 권길호, 이희원, 정대식 선생 덕분에 이렇게 책으로 엮어져 나올 수 있게 되었다. 고마움을 전한다. 그리고 이 연구가 나올 수 있도록 직·간접적으로 도와주신 부산대학교 인문학연구소/점필재연구소의 인문한국(HK) [고전번역＋비교문화학연구단]의 여러 선생님께 감사드린다. 마지막으로 어려운 출판 여건에도 불구하고 출판을 허락해 주시고 거친 원고를 잘 다듬어 주신 역락 출판사 여러분께도 감사드린다.

2013년 2단계 연구를 정리하면서
옮긴이 씀

제2부 에스페란토에 대한 글

제1부

국어와 국문에 대한 글

국문론

1896년 11월 30일 ■ 『대조선독립협회회보』[1] 제1호 ■ 지석영

나라에 국문이 있어서 항상 사용하는 것이 사람에게 입이 있어서 말을 하는 것과 같다. 그래서 말을 하되 말의 소리가 분명치 못하면 남이 이르기를 반벙어리라 할 뿐만 아니라 제가 생각해도 반벙어리요, 국문이 있으되 그것을 잘 사용하지 않으면 그 나라 인민도 그 나라 국문을 귀중한 줄 모를 것이니 어찌 나라에 관계가 있다고 하겠는가.

우리나라 사람은 말을 하되 분명히 기록할 수 없고 국문이 있으되 잘 사용하게 하지 못하여 귀중한 줄을 모르니 가히 탄식 할만하다. 귀중하게 여기지 아니함은 잘 사용하지 못하는 것이고, 잘 사용하지 않는 것은 말의 소리를 분명히 기록할 수 없기 때문이다. 말 소리를 분명이 기록할 수 없다 함이 어떤 것인지 자세히 말해볼 것이니 군자들은 자세히 들으시길 바란다. 우리나라 국문을 읽어 보면 모두 평성뿐이요, 높게 쓰는 것은 없으니 높게 쓰는 것이 없기

---

1) 대조선독립협회회보(1896.11~1897.8)는 조선 최초의 근대적인 사회정치단체였던 독립협회의 기관지이다. 순국문·국한문혼용체·한문을 병용한 국내 최초의 잡지로서 국정 전반에 걸친 논설을 게재하였다. 특히 조선의 자주독립과 내정개혁을 표방했던 독립협회의 공식 의견이 주로 반영되었다. 이후 발행된 잡지들의 모델이 되었다는 의미에서 2012년 10월 17일에 등록문화재 제512호로 지정되어 서울대학교가 소유 및 관리하고 있다.

吳世昌　玄濟復　李啓弼　朴承祖　洪禹觀　徐彰輔
李根永　文台源　具然韶　朴鎔奎　安寧洙　李鍾夏

（論說）

국문론

지셕영

나라에 국문이 잇서셔 힘용 ᄒᄂ거시 사람의 입이 잇서셔 말ᄉᆞᆷ ᄒᄂ것과 ᄀᆞᆺ 흐니 말ᄉᆞᆷ을 ᄒᆞ되 어음이 분명치 못ᄒᆞ면 남이 닐으기를 반 벙어리라 ᄒᆞᆯ터 러 제가 ᄉᆡᆼ각ᄒᆞ야도 반 벙어리오 국문이 잇스되 힘ᄒᆞ기를 전일 ᄒᆞ지 못ᄒᆞ면 그 나라 인민도 그 나라 국문을 귀즁 ᄒᆞᆯ줄을 모르니 엇지 나라에 관계가 적 다 ᄒᆞ리오 우리 나라 사람은 말ᄉᆞᆷ을 ᄒᆞ되 분명이 긔록ᄒᆞᆯ수 업고 국문이 잇스 되 전일 ᄒᆞ게 힘ᄒᆞ지 못ᄒᆞ야 귀즁 ᄒᆞᆯ줄을 모르니 가히 탄식 ᄒᆞ리·로다 귀즁ᄒᆞ 게 녁이지 아니흠은 전일 ᄒᆞ게 힘ᄒᆞ지 못흠이오 전일 ᄒᆞ게 힘ᄒᆞ지 못흠은 어음 을 분명히 긔록ᄒᆞᆯ수 업ᄂ 연고ㅣ러라 어음을 분명이 긔록ᄒᆞᆯ수 업다 흠은 엇 지 흠이오 자셰히 말ᄉᆞᆷ ᄒᆞ리니 유지 군ᄌᄂ 자셰히 들으쇼셔 우리 나라 국 문을 닐어 보면 모다 평셩ᄲᅮᆫ이오 놉게 쓰ᄂ거슨 업스니 놉게 ᄡᄂ거시 업기

論說

十一

로 말 소리를 기록하기 분명치 못하여 동녘 동(東)자는 본래 낮은 자, 즉 동하려니와 움직일 동(動)자는 높은 자이지마는 동 이외에는 달리 표할 것이 없고 대들보 동(棟)자는 움직일 동자보다도 더 높건만 동 외에는 또 다른 방법이 없다. 버릴 기(棄), 버릴 열(列)이 두 글자로 말할 때에는 첫 자에 표가 없으니 국문으로만 보면 버릴 열(列)자 뜻도 버릴 기(棄)자 뜻과 같으며 들 거(擧) 들 야(野) 두 자도 국문으로만 보면 분간하기가 어렵다. 이러해서 한문하는 사람에게 국문을 여자들이나 쓰는 글이라 하며 치지도위 하지만 국민이 점점 어두워 국가에서 국문을 만든 본뜻을 거의 잊게 되었으니 애석하다. 우리나라 어린 아이들에게 처음에 천자문을 가르치는 것은 전국이 똑같다. 가령 몽학선생이 한문은 모르고 국문만 아는 사람이 있어 아이를 가르치려 하면 버릴 열(列) 버릴 기(棄) 이 두 자 뜻을 어찌 분간하여 가르치겠는가. 내가 항상 이런 점이 답답해서 국문에 유의한다 하는 사람을 대하면 미상불 누누이 강론하였더니 평양 군수 서상집 씨를 만나서 들으니 그의 말에 의하면 내가 작년에 예문관 한림으로 무주 적성산 성사고 포쇄관에 갔다가

로 어음을 긔록ᄒ기 분명치 못ᄒ야 棄 동녕ᄌ즉 본릭 나준ᄌ즉 뭉 ᄒ려니

와 動 움죽일동ᄌᄂᆫ 놉흔 ᄌ연마ᄂᆫ 동 외에ᄂᆫ 다시 표ᄒᆞ거시 업고 棟 되ᄯᅳᆯ쓰

동ᄌᄂᆫ 움죽일동ᄌ 보다도 더 놉것마ᄂᆫ 동 외에ᄂᆫ ᄯᅩ 다시 도리가 업스며

棄 버릴기 列 버릴열ᄌ 이 두글ᄌ로 말을진된 첫ᄌ에 표가 업스니 국문으로

국문으로 만 보면 과연 분간 ᄒ기 어려운지라 이러 홈으로 여간 한문 ᄒ는

사롬다려 국문을 계집사롬의 글이라 ᄒ야 쳐지도위 국문이 졈졈 어

두어 국가에셔 국문 내신 본의ᄅᆞᆯ 거의 닛게 되야스니 가셕 ᄒ도다 우리 나

라 어린 ᄋᆞ히ᄅᆞᆯ 처음에 쳔ᄌ문 ᄀᆞ르침은 젼국에 통속이라 가량 몽학 섭셩이

한문은 모르고 국문만 아는 사롬이 잇셔셔 ᄋᆞ히ᄅᆞᆯ ᄀᆞ르치려 ᄒ면 列 버릴열

棄 버릴기 이 두ᄌ 뜻슬 엇지 분간 ᄒ야 ᄀᆞ르치리오 내가 ᄒᆞᆼ상 여긔 답답

ᄒ 모음이 잇셔셔국문에 유의 ᄒ다 ᄒ는 사롬을 틴 ᄒ면 미양불 노ᄒ히 강

론ᄒ더니 평양 군슈 셔샹집씨ᄅᆞᆯ 만나셔 들으니 그의 ᄒᆞᆷ 말숨이 내가 년젼

에 례문관 한림 으로 무쥬 젹셩산셩 샤고 포쇄관을 갓다가

세종조께서 만드신 국문을 살핀즉 평성에는 아무 표시도 없고 상성에는 옆에 점 하나를 치고 거성에는 옆에 점 둘을 쳐서 표 하였더라 해서 그 말씀대로 상성 거성 자에 표를 하고 보니 동녘 동(東) 움직일 동(動) 대들보 동(棟) 버릴 기(棄) 버릴 열(列) 들 거(擧) 들 야(野)의 음과 뜻이 거울같으니 성인의 글 만드신 본의는 이 같이 온 마음을 쏟으셨건만 후세 사람이 총명하지 못해 우리 국문이 모자란 것이 많다 하여 귀중한 줄을 모르니 어찌 답답하지 않으리오. 내 시험삼아 어린 아이를 먼저 국문을 가르쳐서 상성 거성 표만 분간해 이르길 점 하나 찍은 글자는 음을 조금 누르고 점 둘 찍은 글자는 음을 조금 더 누르라 약속하고 책에 표를 하여 주었더니 가르칠 것 없이 뜻을 다 아니 이 법은 진정 국문에 제일 요긴한 것이다. 이 법을 널리 행하면 비단 말소리를 기록하기가 분명해져서 인민이 새로 귀중하게 여길 뿐 아니라 대성인께옵서 글자 만드신 본의를 다시 밝히어 독립하는 나라에 확실한 기초가 될 것이다.

셰죵죠셰 읍셔 어졍 ᄒᆞ시와 두읍신 국문을 봉심 ᄒᆞ온즉 평셩에는 아모표도 업고 샹셩에는 엽혜 졈 ᄒᆞ나를 치고 거셩에는 엽혜 졈 둘를 쳐셔 표 ᄒᆞ얏더라 ᄒᆞ기로 그 말솜ᄐᆞ로 샹셩 거셩ᄌᆞ에 표를 ᄒᆞ고 보니 어시호 東 동녁 동 動 움죽일동 棟 ᄆᆞᄅᆞ동 棄 버릴기 列 버릴열 擧 들거 野 들야 음과 ᄯᅳᆺ시 거울 ᄀᆞᆺᄒᆞ니

셩인의 작ᄌᆞ ᄒᆞ신 본의ᄂᆞ 이것치 비진 ᄒᆞ시건만ᄂᆞ 후셰 사ᄅᆞᆷ이 강명 ᄒᆞ들 안코 우리국문이 미진 ᄒᆞ거시 만타 ᄒᆞ야 귀즁 ᄒᆞ줄을 모르니 엇지 답답ᄒᆞ지 안흐리오 ᄂᆡ시험 ᄒᆞ야 어린 ㅇ히를 몬져 국문을 ᄀᆞᄅᆞ쳐셔 샹셩 거셩 표만 분간 ᄒᆞ야 닐으되 졈 ᄒᆞ나 ᄯᅵᆨ은 ᄌᆞ는 음을 죠곰만쳐 누루고 졈 둘ᄯᅵᆨ은 ᄌᆞ는 음을죠곰 더 누르라 약쇽 ᄒᆞ고 칙에 표를 ᄒᆞ야 주엇더니 그ᄅᆞ칠것 업시 ᄯᅳᆺ슬 다 아니 이법은 진긔 국문에 뎨일 요긴 ᄒᆞ 거시로다 이법이 널니 힝 ᄒᆞ면 비단 어음을 ᄀᆞ록 ᄒᆞ기 분명 ᄒᆞ야 인민이 새로히 귀즁 ᄒᆞ게 녁일ᄲᅮᆫ 아니라

대셩인ᄆᆡ 읍셔 글ᄌᆞ 몬드신 본의를 다시 붉히어셔 독립 ᄒᆞᄂᆞ 나라에 확실ᄒᆞᆫ 긔초가 되리로라

공긔

피 ᄌᆡ손

국어와 국문의 필요

1907년 1월 1일 ■ 『서우』1) 제2호 ■ 주시경2)

무릇 글은 두 가지가 있으니 하나는 형상을 표하는 글이요, 다른 하나는 말을 표하는 글이다. 대개 형상을 표하는 글은 옛날 덜 열린 시대에 쓰던 글이요, 말을 표하는 글은 근래 열린 시대에 쓰는 글이다. 그러나 형상을 표하는 글을 지금까지 쓰는 나라도 많다. 중국의 한문 같은 글들이 그와 같은 글들이요, 그 외에는 다 말을 기록하는 글들인데, 이탈리아, 프랑스, 독일, 영국 글과 일본 가나와 우리나라 정음 같은 글들이 이에 해당한다. 대개 글이라 하는 것은 일을 기록하여 내 뜻을 남에게 통하게 하고 남의 뜻을 내가 알고자 하는 것뿐이라, 물건의 형상이나 형상 없는 뜻을 구별하여 표하는 글을 말 외에 따로 배우는 것이요, 말을 표하는 글은 이와 아는 말의 음을 표하는 것이다.

그래서 형상을 표하는 글은 일 한 가지가 더하여 그 글을 배우는 것이 타국 말을 배우는 것과 같이 세월과 힘이 허비되는 것으로, 천하 각종 물건의 무수한 이름과 각양각색 사건의 무수한 뜻을 다 각각 표로

---

1) 서우(1906.12~1908.1). 서우학회 총무 김명준이 편집자 겸 발행인을 맡았으며 서우학회관에서 발행하였다. 집필진은 박은식·이달원·박성흠·김달하 등이었다. 수록된 논문으로 「교육이 부진(不振)이면 생존을 부득(不得)」, 「학교 위생의 필요」, 「여자교육」, 「국어와 국문의 필요」 등이 대표적이다. 애국정신을 고취시키는 글도 많이 실렸다. 1908년에 서우학회와 한북학회가 통합되자 이에 따라 1908년 6월 1일 제호가 『서북학회월보』로 바뀌었다.
2) 주시경(1876~1914). 개화기의 국어학자이며, 호는 한힌샘, 또는 한흰메이다. 그는 우리말과 한글의 전문적 이론을 연구하여 우리말 문법을 최초로 정립했다. 또한 후진 양성에 매진하여 최현배(崔鉉培), 김두봉(金枓奉), 장지영(張志暎) 등 수많은 학자들을 제자로 두었다. 대표적 저술로 『국문문법』, 『국문연구』, 『국어문법』, 그리고 『월남망국사』, 『한문초습』 등이 있다. 오늘날 국어학의 터전은 그의 노력에 힘입은 바 크다.

皆有長進之機오 無野人君子之分矣러라

(未完)

국어와 국문의 필요

회원 쥬시경

대뎌 글은 두가지가 잇스니 ᄒᆞ나흔 형상을 표ᄒᆞᄂᆞᆫ 글이오 ᄒᆞ나흔 말을 표ᄒᆞᄂᆞᆫ 글이라 대개로만 말ᄒᆞ면 형샹을 표ᄒᆞᄂᆞᆫ 글은 넷적 덜 열닌시ᄃᆡ에 쓰던 글이오 말을 표ᄒᆞᄂᆞᆫ 글은 근릭열닌 시ᄃᆡ에 쓰ᄂᆞᆫ 글이라 그러나 형상을 표ᄒᆞᄂᆞᆫ 글을 지금 ᄭᆞ지 쓰ᄂᆞᆫ 나라도 젹지 아니ᄒᆞ니 지나(支那) 한문ᄀᆞᆺ흔 글들이오 그외는 다 말을긔록ᄒᆞᄂᆞᆫ 글들인ᄃᆡ 의국(伊國) 법국(法國) 덕국(德國)영국(英國)글과 일본 가나(假名)와 우리나라졍음(正音)ᄀᆞᆺ흔 글들이라 대개 글

이라ᄒᆞᄂᆞᆫ거슨 일을 긔록ᄒᆞ여 내ᄯᅳᆺ을 남의게 통ᄒᆞ고 남의 ᄯᅳᆺ을 내가 알고져ᄒᆞᄂᆞᆫ것ᄲᅮᆫ이라 물건의 형샹이나 형상업ᄂᆞᆫ ᄯᅳᆺ을 구별ᄒᆞ여 표ᄒᆞᄂᆞᆫ 글은 말 외에 ᄯᅡ로 배호는 거시오말을 표ᄒᆞᄂᆞᆫ 글은 이 왕아ᄂᆞᆫ말의음을 표ᄒᆞᄂᆞᆫ거시라 이럼으로 형상을 표ᄒᆞᄂᆞᆫ 글은 일 ᄒᆞᆫ가지더ᄒᆞ여 그 글을빅호ᄂᆞᆫ 거시 타국 말을 빅호ᄂᆞᆫ 것과 ᄀᆞᆺ치 셰월과 힘이 혜비될ᄲᅮᆫ아니오 런하 각죵 물건의 무수ᄒᆞᆫ 일홈과 각식 스건의 무수ᄒᆞᆫ ᄯᅳᆺ을 다 각각표로 구별ᄒᆞ여 그림을 만달매 글ᄌᆞ가 만코 ᄌᆞ획이 번다ᄒᆞ여 빅호고 닉히기가 지극히 어려오나 말을 표ᄒᆞᄂᆞᆫ 글은 음의 십여가지 분별만 표ᄒᆞ여 돌녀씀으로 ᄌᆞ획이 젹어 빅호기와 닉히기가 지극히 쉬울 ᄲᅮᆫ아니라

三一

구별하여 그림을 만들기에 글자가 많고 자획이 번잡하여 배우고 익히기가 매우 어렵다. 그러나 말을 표하는 글은 음의 십여 가지 분별만 표하여 돌려쓰기 때문에 자획이 적어 배우기와 익히기가 지극히 쉽다. 뿐만 아니라 읽으면 곧 말인즉 그 뜻을 알기도 말 듣는 것과 같고 지어쓰기도 말 하는 것과 같으니 그 편리함이 형상을 표하는 글보다 몇 배가 쉬울 것은 말하지 않아도 알 것이다.

또 이 지구상의 육지가 천연으로 구획되어 그 구역 안에 사는 한 인종이 그 풍토의 풍부한 토착음에 적당한 말을 지어쓰고 또 그 발음에 적당한 글을 지어쓰는 것인데 이를 통해 한 나라에 특별한 말과 글이 있는 것은 곧 그 나라가 이 세상에 천연으로 온전한 자주국이 되는 표요, 그 말과 그 글을 쓰는 인민은 곧 그 나라에 속하는 단체가 되는 표식이다. 그러므로 남의 나라를 빼앗고자 하는 자는 그 말과 글을 없애고 제 말과 제 글을 가르치려 하며, 그 나라를 지키려고 하는 자는 제 말과 글을 유지하여 발달시키고자 하는 것이 천하고금에 많이 나타난 바이다. 그러므로 내 나라 글이 다른 나라보다 못하다 할지라도 내 나라 글을 숭상하고 잘 고쳐서 좋은 글이 되게 해야 할 것이다.

우리 반도에는 태고 적부터 우리 반도 인종이 따로 있고 말이 따로 있으나 글은 없어 중국의 한문을 받아 썼다. 그러다 세종대왕께서 매우 뛰어나시어, 각국이 다 그 나라의 글이 있어서 그 말을 기록하여 쓰는데 우리나라는 글이 완전하지 못함을 개탄하시고 국문을 교정하시어 전국에 반포하셨으니 참으로 거룩하신 일이다. 그러나 후생들이 그 뜻을 본받지 못하고 오히려 한문만 숭상하

려으면 곳 말인즉 그 뜻을 알기도 말 듯

눈것과 굿고 지어쓰기도 말 ᄒᆞᄂᆞᆫ 것과 굿

ᄒᆞ니 그 편리홈이 형샹을 표ᄒᆞᄂᆞᆫ 글 보다

몃빅가 쉬울거슨 말ᄒᆞᆯ지 아니ᄒᆞ여도 알지

라

ᄯᅩ 이디구샹 류디가 텬연으로 구획되여

그 구역안에 사ᄂᆞᆫ 훈셜기 인죵이 그 풍토

의 품부ᄒᆞᆫ 토음에 뎍당ᄒᆞᆫ 말을 지어쓰고

ᄯᅩ 그 말 음의 뎍당ᄒᆞᆫ 글을 지어쓰ᄂᆞᆫ 거시

니 이럼으로 ᄒᆞᆫ 나라에 특별ᄒᆞᆫ 말과 글이

잇ᄂᆞᆫ 거슨 곳 그 나라가 이 셰샹에 텬연

으로 ᄒᆞᆫ목 ᄌᆞ쥬국 되ᄂᆞᆫ 표요 그 말과 그

글을 쓰ᄂᆞᆫ 인민은 곳 그 나라에 속ᄒᆞ여

ᄒᆞᆫ 단례되ᄂᆞᆫ 표라 그럼으로 남의 나라ᄒᆞᆯ

고 제 말과 제 글을 ᄀᆞ르치려ᄒᆞ며 그 나

ᄭᅢᆺ고 져ᄒᆞᄂᆞᆫ 쟈ー 그 말과 글을 업시ᄒᆞ

라ᄒᆞᆯ 직히고져ᄒᆞᄂᆞᆫ 쟈ᄂᆞᆫ 졔 말과 졔 글을

유지ᄒᆞ여 발달코져ᄒᆞᄂᆞᆫ 것은 고금턴하 사

긔에 만히 나타난 바라 그런즉 내 나라

글이 다른나라만 못ᄒᆞ다 ᄒᆞᆯ지라도 내 나라

글을 슝샹ᄒᆞ고 잘 곳쳐 죠흔 글이 되게ᄒᆞ

거시라

우리 반도에 퇴고젹 ᄇᆞ터 우리 반도 인죵이

짜로잇고 말이 짜로잇스나 글은 업더니

지나를 룡훈후로 한문을 일삼다가 아죠

셰죵대왕ᄭᅴ셔 지극히 밝으샤 각국이 다

그 나라글이 잇서 그 말을긔록ᄒᆞ여 쓰되

홀노 우리나라는 글이 완젼치 못홈을 개

탄ᄒᆞ시고 국문을 교졍ᄒᆞ샤 즁외에 반포ᄒᆞ

셧스니 참 거룩ᄒᆞ신 일이로다 그러ᄂᆞ 후

셩들이 그

ᄯᅳᆺ을 본밧지못ᄒᆞ고 오히려 한문만 슝샹ᄒᆞ

여 어릴 때부터 20~30세가 될 때까지 아무 일도 안 하고 한문만 공부하지만 능숙하게 글을 알아보고 쓸 수 있는 자가 백 명 중 한 명이 못 되니, 이는 한문이 형상을 표하는 글이고, 타국의 글이어서 이와 같이 어려운 것이다.

사람의 일평생에 두 번 오지 않는 때를 모두 한문 한 가지 배우는 것에 허비하니 어찌 개탄하지 않을 수 있겠는가. 지금 뜻있는 이들이 '교육, 교육' 하니, 이왕 한문을 배운 사람만 교육하고자 함이 아니겠고 또 이십년 삼십년을 다 한문을 가르친 후에야 여러 가지 학문을 가르치고자 함도 아닐텐데, 그러면 영어나 일어로 가르치고자 하는가, 영어나 일어를 누가 알겠는가. 영어 일어는 한문보다 더 어려울 것이다. 지금 같은 세상에 특별히 영국, 일본, 프랑스, 독일 등 여러 외국 말을 배우는 이도 반드시 있어야 할 것이다. 그러나 전국 인민의 사상을 돌리고 지식을 넓혀주려 하면 불가분 국문으로 각색의 한문을 저술하며 번역하여 남녀 모두 다 쉽게 알도록 가르쳐 주어야 한다. 영국, 미국, 프랑스, 독일 같은 나라들은 한문을 구경도 못하였지만 저렇듯 부강하다. 우리도 사천여 년 전부터 개국한 이천만 인민의 사회에 매번 통용하는 말을 입으로만 서로 전하던 것도 큰 흠이거늘 국문이 생긴 후 백년 동안에 자전 한 권도 만들지 않고 한문만 숭상한 것이 어찌 부끄럽지 않겠는가. 지금 이후로 우리 국어와 국문을 업신여기지 말고 힘써 그 법과 이치를 탐구하면, 자전 문법과 독본들을 잘 만들어 더 좋고 편

여 어릴 쩌브터 이삼십 선지 아모일도 아
니호고 한문만 공부로 삼으되 능히 글올
알아 보고 능히 글노 그 뜻을 짓는자ㅣ 빅
에 ᄒᆞ나이 못되니 이는 다름아니라 한문
은 형샹을 표ᄒᆞᄂᆞᆫ 글일 뿐더러 본릭 타국
글인고로 이굿치어려온지라

사ᄅᆞᆷ의 일평싱에 두번오지 아니ᄒᆞᄂᆞᆫ 쩌를
다 한문 흔가지 빅호기에 허비ᄒᆞ니 엇지
개탄치아니ᄒᆞ리오 지금 유지ᄒᆞ신 이들이
교휵교휵ᄒᆞ니 이왕 한문을 빅혼사ᄅᆞᆷ만 교
휵코져ᄒᆞᆷ이 아니겟고 ᄯᅩ 이십년 삼십년을
다 한문을 ᄀᆞ르친 후에야 여러가지 학문
을 ᄀᆞ르치고져 ᄒᆞᆷ도 아닐지라 그러면 영
어나 일어로 ᄀᆞ르치고져ᄒᆞᆫ 영어나일
어를 뉘 알니오 영어일어는 한문 보다 더
어려울지라 지금 굿흔 셰상을 당ᄒᆞ여 특

별히 영일 법덕등 여러 외국 말을 빅호ᄂᆞᆫ
이도 반다시 잇셔야 ᄒᆞᆯ지라 그러나 전국
인민의 ᄉᆞ샹을 돌니며 지식을 다 널펴주랴
면 불가불 국문으로 각식학문을 저술ᄒᆞ며
번역ᄒᆞ여 무론 남녀ᄒᆞ고 다쉽게 알도록
ᄀᆞ르쳐 주어야 될지라 영미 법덕 굿흔 나
라들은 한문을 구경도 못ᄒᆞ엿스되 더럿듯
부강ᄒᆞᆷ을 보시오 우리동반도 ᄉᆞ쳔여년 전
브터 긔국혼 이쳔만즁 ᄉᆞ회에 날로쩌로
통용ᄒᆞᄂᆞᆫ 말을 입으로만 서로 전ᄒᆞ던 것
도 큰 흠졀이어눌 국문 난후 긔빅년에 ᄌᆞ
면 쳑도 맛달지 안코 한문만 슝샹ᄒᆞᆫ거
시 엇지 붓그럽지 아니ᄒᆞ리오 ᄌᆞ금이후로
우리 국어와 국문을 업수히 녁이지 말고
힘써 그 범과 리치를 궁구ᄒᆞ며 ᄌᆞ뎐과 문
법과 독본들을 잘 만달어 더 죠코 더 편

리한 말과 글이 되게 할 수 있을 것이다. 그리하여 우리 온 나라 사람
이 다 국어와 국문을 우리나라 근본의 주장글로 숭상하고 사랑하여 쓰
기를 바란다.

리흔 말과 글이 되게 홀뿐아니라 우리
원 나라 사람이 다 국어와 국문을 우리
나라 근본의 쥬쟝글노 슝상ᄒᆞ고 사랑ᄒᆞ여
쓰기를 빈라노라

依賴ᄒᆞᄂᆞᆫ 自治의 大妨害라

我東古事

名이 始於此라 方言에 韓者ᄂᆞᆫ 一大之義니 取其

箕子琴操

天乎天哉欲負石投河嗟復嗟奈社稷何

元末에 中書檢校郭永錫이 來ᄒᆞ야 報聘ᄒᆞ
고 還至平壤ᄒᆞ야 題箕子墓詩ᄒᆞ니

何事佯狂被髮爲欲將殷祚獨扶持去之只爲身
長潔諫死誰嗟國已危魯士一丘松栢在忠魂萬
古鬼神知晚來立馬朝鮮道琴瑟猶聞麥穗詩

箕子廟

箕子廟ᄂᆞᆫ 高麗肅宗十年에 駕幸西京ᄒᆞᆯ時에
政堂文學鄭文이 建議立祠ᄒᆞ야 祭以中祀러니

本朝

世宗大王十二年庚戌에 立碑ᄒᆞ시고 命儒臣下
季良ᄒᆞ사 撰其文ᄒᆞ시니 文曰
歲在戊申夏四月甲子　　國王殿下傳旨若曰昔

東史寶鑑에 曰朝鮮의 音은 潮汕이니 因水爲名
이라ᄒᆞ고 又云鮮은 明也ㅣ니 東表ᄂᆞᆫ 日出鮮明
故로 名朝鮮이라ᄒᆞ고 山海經에 曰朝鮮이 在列
陽이라ᄒᆞ고 揚雄方言에 云朝鮮洌水間이라ᄒᆞ
고 張華日 朝鮮에 有泉水洌水汕水三水ᄒᆞ야 合
爲洌水ᄒᆞ니 樂浪朝鮮이 取名於此라ᄒᆞ니라
箕子의 四十一代孫武康王箕準이 避衛滿ᄒᆞ야
南至金馬郡ᄒᆞ야 建國號馬韓이라ᄒᆞ니 韓之國

98

27

국문(國文)과 한문(漢文)의 관계(關係)

1907년 3월 3일 ■ 『대한유학생회학보(大韓留學生會學報)』[1] 제1호 ■ 한흥교(韓興敎)[2]

 지금 우리가 문자로 인해 받는 이익은 말로 다 할 수 없으니, 무릇 인류사회가 형성된 이후, 생활의 방법이 점점 복잡하게 되어, 결국 사상(思想)을 밝히고 기록할 문자를 요구하게 되니, 이집트의 상형문자(象形文字)와 바빌론의 설형문자(楔形文字)같은 일종의 기호가 발명되어, 마침내 오늘날 서구문자의 근원이 되었으니, 이는 다만 서양 문자의 유래이고, 동양문자의 기원은 어떠한가? 황제 때에 창힐(蒼頡)이 비로소 그림과 비슷한 문자를 만들었으나 형체만 모방하여 이해하기 매우 어렵고, 당우(唐虞) 이후로는 과두문자(蝌蚪文字)[3]를 사용하고 주나라 초기에 사추(史籀)가 비로소 대전체(大篆體)로 개정하였으나, 아직도 편리하지 못해서 진나라 때에 소전(小篆)과 예서(隸書)가 만들어졌고, 한나라 이후로 해행초삼체(楷行草三體)가 변하여 우리가 지금 실제 응용함에 편리하게 되었으니, 그 연혁을 살펴보면 결코 하루아침에 만들어진 것은 아니지만, 그러한 것은 문자의 복잡함과 어미의 무변(無變)함으로 지금 새로운 학술을

---

1) 대한유학생회학보(1906.9~1908.1)는 일본 동경에서 조직된 유학생단체인 대한유학생회의 회보이다. 대한유학생구락부(大韓留學生俱樂部)와 한금청년회(漢錦靑年會)가 통합에 합의하여 대한유학생회가 설립되었다.
2) 한흥교(1885~1967). 부산 출생 독립운동가이다. 1911년 중국으로 건너가 중국혁명군 구호의장(救護醫長)으로 쑤저우·전장 등 전선에 나가 참전하였고, 1935년 산시성 타이위안에서 대동병원(大同病院)을 개업하여 한중연합 항일운동을 전개하였다.
3) 중국 고대문자의 한 형태. 붓이 쓰이지 않았을 때 대나무에 옻을 묻혀서 글을 썼는데, 글자의 획이 머리는 굵고 끝은 가늘게 되어 마치 올챙이(과두) 모양으로 보인다.

此는그精神이完全發達티못혼緣故라大蓋
吾人이是非를分別호고善惡을判斷홈이何
莫非精神의作爲며事理를辨別호야人格을
高尙케홈이何莫非精神을修養호는데서從
來홈이리오然則記誦見聞은一手段과一階
梯에不過호고決코學問의根本目的은아니
라호니眞正혼學問의目的은卽事物의理를逐
漸硏究호야品性을陶冶호며人格을昇進케
홈에在호니西哲베이콘이有言호되下士는
學問을蔑視호며常人은學問을感嘆호고智
者는學問을利用혼다홈은千古名言일섯호
노라

國文과 漢文의 關係

韓 興 敎

今日吾人이文字로因호야享受호는利益

온不庸多言이어니와大抵人類社會가形成
된以後、生活의方法이逐漸複雜호게되야
드듸여思想을記現홀文字를要求호게되니
於是乎埃及의象形文字와巴比倫의楔形文
字又혼一種의記號가發明되야맛춤뇌今日
西歐文字의本源이되얏스니此는다만西文
의由來어니와至若東洋文字의起源은如何
호뇨黃帝時에蒼頡이비로소圖畵的文字를
造成호엿스되形體만摸寫호야理解키極難
호고唐虞以後로는蝌蚪文字를用호고周初
에史籀ㅣ비로소大篆과小篆과隸書를用호고、아직
도便利치못호야楷行草三體가變遷되야吾
되얏고漢以後로秦時에小篆과隸書가案出
人의只今實地應用上에一大便宜를與호니
그由來沿革을稽考호면決코一朝一夕에
容易造成된것은아니는然이는文字의煩
疊홈과語尾의無變홈으로今日新學術을明

280

29

분명히 표현하기 어려우니, 이는 즉 한자의 폐단이며, 또한 우리의 고유한 문자가 아니어서 매우 불편하여 글을 쓸 때 허둥거리게 된다.

그리하여 우리의 글은 우리의 고유한 사상을 표현하기 위하여 생긴 마음으로 발견된 문자이니 글자 수는 비록 일본가각(日本假各, 언문)과 로마자(羅馬字)보다는 많으나, 습득하기 용이하고 응용에 편리함은 세계에 비할 바가 없어서 가히 감탄할 수밖에 없다. 그러나 우리는 오백년 된, 고유한 문자를 내버려두고 한낱 타국에서 수입된 한문만 숭상하여 사성(四聲)을 변별하고 팔체(八體)를 학습하는 것에 일평생을 허비하니 소위 학문을 연구한다하면 이촌(李村)의 시(詩)와 한류(韓柳)의 문(文)에 빠져 있으니 언제 실학을 탐구하겠는가? 마침내 수천 년간 이어진 폐원(弊源)이 혼탁해질 대로 혼탁해져서 되어 결국 국민의 지식이 몽매(蒙昧)해져서 이십세기에 이렇게 부패한 국세를 스스로 만들었으니 어찌 통곡하지 않겠는가? 일본은 우리로부터 전해진 한문을 이용하여 가명(假名)을 제출하며 화(和)(일본(日本)) 한량문(漢兩文)의 조용법(調用法)을 실시하니 매우 간단하고 포괄적이어서 쉬울 뿐 아니라 서학의 번역에도 효력이 대단하여, 국민의 지식이 빠르게 발달되어 불과 사십 년 만에 구미열강(歐米列强)과 싸워 이기니 이를 통해 비교해보면 문자와 국가의 관계가 중요함을 알 것이다.

그리고 국한문(國漢文)의 관계를 연구하는 사람은 복잡한 한문은 버리고 단순히 국문만 수용하는 것이 마땅하다 하니, 이는 그 국문과 한문의 밀접한 관계를 잘 모르기 때문이다. 우리글은 원래 일반 국민의 순수한 소리로 만들어져서 개별 글자의 의미가 없기 때문에 한문과 함께 쓰여야 비로소 의미가 분명하니 만일 한문과 조화되지 않으면 어찌 그 의미를 알 수 있겠는가? 가령 효제충신과 인의예지를 한낱 음으로만

曉히記出키難ᄒᆞ니此ᄂᆞᆫ即漢字의一大弊端

이오兼ᄒᆞ야我國의固有ᄒᆞᆫ文字가아님으로

不便不利홈이不遑枚逃이라

然이ᄂᆞ我國文은邦人의固有ᄒᆞᆫ思想을記

出ᄒᆞ기爲ᄒᆞ야自然ᄒᆞᆫ理勢로發昇된文字니

字數ᄂᆞᆫ비록日本假名(諺文)과羅馬字보담

數多ᄒᆞᆫ習得기容易ᄒᆞ고應用에便利홈은

世界에無比ᄒᆞ라可謂ᄒᆞᆯ지라嗟홉다何故로邦

人은五百年來、固有ᄒᆞᆫ文字를無用件ᄀᆞ티

專然棄置ᄒᆞ고他邦으로輸入된漢文만

崇尙ᄒᆞ야四聲을辯別ᄒᆞ고八體를學習ᄒᆞᄂᆞᆫ

間에一平生을虛度ᄒᆞ니所謂學究라ᄒᆞ면李

杜의詩와韓柳의文에不出ᄒᆞ니何暇에實學

을探究ᄒᆞ리오맛ᄎᆞᆷ닉數千年弊源이滾滾濁

流가되야末流의弊가드듸여人民의智識이

蒙昧ᄒᆞ야今日二十世紀上에如斯히腐敗ᄒᆞᆫ

國勢를自作ᄒᆞ얏스니엇지痛哭大息디아니

ᄒᆞ리오日本은最後에我國으로셔傳敎된漢

文을利用ᄒᆞ야假名을製出ᄒᆞ며和(日本)漢

兩文의調用法을實施ᄒᆞ니極히簡括ᄒᆞ고平

易ᄒᆞᆯ뿐아니라西學의翻譯에도大効力이有

ᄒᆞ고로民智가速히發達되야不過四十年에

歐米列强과爭雄ᄒᆞ니此로因ᄒᆞ야比較ᄒᆞ면

文字와國家의關係가韓常디아니홈을可知

ᄒᆞ리로다

然而國漢文의關係를皮解ᄒᆞᄂᆞᆫ者ᄂᆞᆫ煩雜

혼漢文은全廢ᄒᆞ고簡易혼國文만收用홈이

便宜ᄒᆞ다ᄒᆞ니此ᄂᆞᆫ그詳細혼國裏由와密接혼

關係를不知ᄒᆞᆷ이로다何者오我國文은原來

一般人民의純粹혼語音으로組織되야個字

의意味가無ᄒᆞᄆᆞ로漢文과幷用ᄒᆞ여야비

로소解釋이分明ᄒᆞ야萬一漢文과調和키不能

ᄒᆞ면엇지言語上에說明을得ᄒᆞ리오假令孝悌

忠信과仁義禮智를한갓音으로만人民을(敎

교육한다면 무슨 의미가 여기에 들어있는지 정확히 알 수 없을 것이다. 지금 일본에서는 한문을 폐지하자는 논자가 발생하여 다년간 운동하고 있으며 심지어 국한문을 폐지하고 순전히 로마자(羅馬字)를 채용하자 하여 집회를 조직하고 국가에 건의까지 하였으나 형편에 적당하지 못함으로 실행되지 못하니 일본의 현재 상태가 오히려 이와 같은데 하물며 한문만 숭상하는 우리는 어떻겠는가? 이는 매우 어리석은 주장이라 고찰할 필요가 없으며, 현재의 사정에 맞는 것은 국한문을 병용하는 것일 뿐이다.

나의 언변이 비록 보잘 것 없으나 진심으로 권고하니 우리 동포는 이십세기의 약육강식하는 상황을 살피고 사십 년 내로 왈가왈부하는 잘못된 습관을 깨우치고 더 나아가 한학 공부에 물든 뇌에 신선한 공기를 주입하여 알맞은 국한문조화법을 실시하고 일본의 선례를 본받아 조속히 구미신학문을 연구해서 세계의 제 일등 문명국이 되기를 진심으로 바라고 열망한다.

育ᄒᆞᆯ던디무삼意味가其中에含有ᄒᆞ지確知

티못ᄒᆞᆯ디라由是로現今日本에셔는漢文廢

止ᄒᆞᆯᄃᆞ는論者가起ᄒᆞ야多年運動ᄒᆞᆯᄲᅮᆫ더러

甚至於國漢文을幷廢ᄒᆞ고純全히羅馬字를

採用ᄒᆞᄌᆞᄒᆞ야集會를組織ᄒᆞ고當局者의게

建議ᄒᆞ서디ᄒᆞᆨ앗스나時勢에適當티못ᄒᆞᆷ으로

遽然히實行되디못ᄒᆞ나니以若日本의現勢로

오히려如此ᄒᆞᄂᆞᆫ거든하믈며漢文만專尙ᄒᆞᄂᆞᆫ

我韓이리오此ᄂᆞᆫ過度ᄒᆞᆫ愚論이라顧察ᄒᆞᆯ必

要가更無ᄒᆞ거니와오즉時宜에合ᄒᆞᄂᆞᆫ者ᄂᆞᆫ國

漢文을調和ᄒᆞ야幷用ᄒᆞᄂᆞᆫ一法뿐이라

余의論辯이비록庸恬ᄒᆞᄂᆞ誠心으로勸告

ᄒᆞ노니我國內同胞ᄂᆞᆫ今日二十世紀의優勝

劣敗ᄒᆞᄂᆞᆫ形影을猛察ᄒᆞ고四十年來로日詩

曰賦ᄒᆞ던習慣을翻然改悟ᄒᆞ야自慈以往으

론ᄶᅡ痼沉塞ᄒᆞᆫ漢學腦髓에新鮮ᄒᆞᆫ空氣를注

入ᄒᆞ야至簡至易ᄒᆞᆫ國漢文調和法을實施ᄒᆞ

되몬져日本으로前鑑삼아早速히歐米新學

問을硏究ᄒᆞ야世界上第一等文明國되기를

心香으로勞祝ᄒᆞ고葵誠으로熱心ᄒᆞ노라

警察爲國家干城

李 圭 正

凡國家者ᄂᆞᆫ以領土人民으로爲要素하고統

治者가爲主權而定法律하야拘束範圍區域

內一般人民之行爲하ᄂᆞ니欲察其行爲ᅵ딘

不可無行政이요欲施其行政인딘不可無警

察이니其必要가偸何如哉며警察者ᄂᆞᆫ全國

之耳目也라防患於未萌하며治惡於已著ᄒᆞ

야保持公安ᄒᆞ고增進幸福으로爲目的ᄒᆞ며

不啻人民之活動作用의爲模範이라乃至于

萬物之不動者ᄒᆞ야도莫不受其保護ᄒᆞᆨ有國

家之日에ᄂᆞᆫ不可一日無者ᄂᆞᆫ警察이是也니

국문과 한문의 과도시대

1908년 5월 24일 ■ 『태극학보』[1] 제21호 ■ 이보경[2]

　우리 선조께서 아시아 동쪽 반도에 낙원을 개척하시어 우리 백성들로 하여금 여기에 살면서 여기를 수호하며 발전하도록 하시니 이 땅을 발전시키고 지켜 만일 외부인이 이 땅을 범하는 자가 생기면 생명을 희생해서라도 고수하고, 일보도 후퇴하지 않는 것은 대한민족의 의무이다. 그렇기 때문에 국민의 정수인 국어가 발달한 것은 여러 말을 할 것도 없으며, 이를 유지 발전시키는 것도 역시 국민의 의무가 아니겠는가.

　옛날 우리가 미개하였을 때에는 국문이 없었

---

1) 태극학보(1906.8~1908.12). 일본 도쿄의 한국 유학생 모임이었던 태극학회의 기관지이다. 편집자 겸 발행인은 장응진이다. 회원들의 의연금으로 발간 경비를 부담하다가 점차 국내의 뜻있는 인사들의 후원을 받았다. 발행 장소가 일본이었으므로 정치적 기사는 싣지 못하였으나, 여러 가지 학술 계몽과 문예, 민중 계몽을 위한 논설, 회원과 학계 소식 및 유학생 동정 등을 다루었다. 유학생의 단결과 권익 보호를 중시했고, 국내의 애국 계몽 운동에도 영향을 끼쳤다. 1909년 1월 <대한흥학회>로 통합되었다.
2) 이광수(1892~1950). 호는 춘원(春園)이며 아명이 이보경(李寶鏡)이다. 한국 최초의 근대 장편소설 『무정(無情)』을 쓴 작가로, 많은 시, 소설, 평론 등을 남겼다. 『마의태자(麻衣太子)』, 『단종애사(端宗哀史)』, 『흙』, 『유정(有情)』, 『이차돈(異次頓)의 사(死)』 『사랑』 등이 대표 작품이다. 친일 행적이 비판의 대상이 되기도 한다.

니 舉國이 風靡하며 一世가 雲從하야 體育이

駸駸 進步되야 今日 强悍을 致하얏도다 由是

觀之컨딕 體育이 個人 精神上에 緊接한 關係

가 有할뿐 不啻라 國家 運命에 重大한 影響이

及하나니 此를 엇지 忽諸尋常에 付하리오 故로

余는 薄識을 不拘하고 體育에 關호 管見을 燕

陳하야 同胞 人士의 一覽을 供코자 호노라

一, 體育 學校 位置 不定을 特設하고 體育師를
養成 年限 不定할 事

一, 演壇報筆이 此에 對하야 獎勵를 勿怠할
事

一, 課目은 體操、擊劍、乘馬 等을 置할 事

二, 學校、家庭에서 特히 注意할 事

一, 體育에 關한 學術을 精究기 爲하야 品
行 端正하고 身體 强壯호 靑年을 海外
日本 或 歐美에 派遣할 事

以上 數條가 決코 完全호 方針이라함이 안이

라 一時 感에 觸하야 走筆을 妄任하노라

國文과 漢文의 過渡時代

李　寶　鏡

우리 聖祖가 亞細亞 東半島의 樂園을 開拓

호샤 우리 民子孫으로 곰 此에 居호며 此를 守

호며 此를 發展케 호시니 此 土를 文明케 호며

此 土를 守호야 萬一 外人이 此 土를 犯호는 者

有호거든 生命을 犧牲호야셔라도 固守호야

一步라도 退호지 못홀거슨 大韓 民族의 義務

라 然호則 國民의 精粹되는 國語를 發達홈이

슨 不待多言이로딕 此를 有形호게 發表호는

國文을 維持發達홈도 亦是 國民의 義務가 아

닌가

昔 我邦이 未開호야 슬 時에는 國文이 無호

기에 당시 문명의 지역이었던 중국 문자를 차용하였으니 이것이 비록 그 나라에는 적합하더라도 풍수가 동일하지 않고 국어가 전혀 달랐던 우리들에게는 적합하지 않았다. 게다가 점획이 번잡하고 자수가 많아 일생을 배워도 오히려 통달하기가 불가능했다. 대개 문자의 핵심은 사상 및 지식을 소통하며 예부터 내려오는 사적(事蹟)을 풀어내는 것에 있는데, 문자만 배우는데 금(金)과 같은 일생을 허비하면 어느 겨를에 사상 및 지식을 소통하고 옛 사적을 풀어내겠는가. 이러한 것은 실로 완전한 문자의 가치가 없다고 할 것이다. 이것이 어찌 문물의 발달에 도움을 주는 것이 많다 하겠는가. 우리의 과거를 생각해볼 때 오천년의 빛나는 역사가 오늘날 참담하게도 어두운 구름 속에 갇혀 있는 것이 많은 원인이 있겠지만 이러한 문자의 영향이 클 것이다.

생각이 밝은 성인이셨던 세종황제께서 이와 같이 많은 폐단이 있음을 간파하시고 힘을 써 노력하신 결과 넉넉하고 아름다우며 편리하고 이로운 문자를 창제하셨으니 즉 우리의 국문이 그것이다. 문자의 수가 자음과 모음 합해 25자요, 각 음이 구비되어 있으며 점획이 간단하고 몇 개월이 안 되어 능히 만권의 책을 읽을 수 있게 되니 실로 세계 어디에서도 다시 이러한 글자를 보지 못하겠다. 우리 역사에 일대 찬연한 광채를 내어놓았으니 우리는 중국의 문자에 미혹되고 취하여 이 아름답고 편리한 문자를 소홀히 대하여 지금 상태를 낳았으니 어찌 한탄스럽지 아니하겠는가.

지금 우리 조선의 형세를 헤아려 보면 물론 실업 정치 및 기타 각종 사물이 하나도 과도시대에 처하지 않은 것이 없으니 이에 만일 조금이라도 그릇되면 치료하기 어려운 고질병을 만들 것이니 어찌 귀중하고 위험한 시대가 아니겠는가. 우리 국문도 역시 이 시대에 참여하였도다. 국문의 과도 관계는 다음 세 가지이니

얏기로 當時 文明의 域에 達ᄒ얏던 支那文字

를 借用ᄒ얏나니 此가비록 彼國에ᄂᆞᆫ 適宜ᄒ

더라도 風致가 不同ᄒ고 國語가 全異ᄒ 我邦

에ᄂᆞᆫ 不適ᄒ깃거든ᄒ며 點畵이 煩雜ᄒ고

字數가 頗多ᄒ야 此로써 一生을 費ᄒ야도、

오히려 達키 不能ᄒ者ᅵ 大抵文字의 要ᄂᆞᆫ

思想及 智識을 交通ᄒ며 古來의 事蹟을 演繹

ᄒᆷ에 在ᄒ거ᄂᆞᆯ 文字만 學ᄒᆷ으로 金과 如ᄒᆞᆫ

生을 費ᄒ면 何暇에 思想及 智識을 交通ᄒ며

古來의 事蹟을 演繹ᄒ리요 如此ᄒᆞᆫ 者ᄂᆞᆫ 實노

完全ᄒ 文字의 價値가 無ᄒ다ᄒ리로다 엇디

文物의 發達을 助ᄒᆷ이 多ᄒ리요 顧念我邦 五

千年彬彬ᄒ 歷史가 今日慘憺ᄒ 黑雲中에 沈

淪코쟈ᄒᆷ이비록 數多ᄒ 原因이 有ᄒ리로디

此文字의 影響ᄒᆞᆫ비 多大ᄒ리로다

惟我 睿聖ᄒ신 世宗皇帝ᄭᅴ옵셔 如此히

多大ᄒ 弊端이 有ᄒᆷ을 看破ᄒ시사 宵衣旰食

요

의 狀態를 産ᄒ얏스니엇디 可歎티아니ᄒ리

야 此優美便利ᄒ 文字ᄂᆞᆫ 支那文字에 惑醉ᄒ

放ᄒ얏거ᄂᆞᆯ 我邦文字ᄂᆞᆫ 輕忽에 付ᄒ야 現今

타못ᄒ깃고 我東歷史에 一大燦然ᄒ 光彩를

슈잇나니 實노 我字ᄂᆞᆫ 彼에ᄂᆞᆫ다시其類를見

單ᄒ고 幾個月이못ᄒ야 能히萬卷書를讀ᄒ

야二十五요各音이其備ᄒ얏스며點畵이簡

ᄒ얏나니 卽我國文이是라字數가母子合ᄒ

의 勢를 冒ᄒ신 結果優美便利ᄒ文字를 製出

現今의 我韓形勢를 蠡測ᄒᆞ니 母論實業、

政治及 其他各種事物이 한아도過渡時代에

處치안인者無ᄒ니 此時에 萬一秋毫를誤ᄒ

면難醫의痼疾을作ᄒᆯ지라貴重코危險ᄒ

ᄒ時代가아니리요우리國文도亦是此時代

에 參與ᄒ얏도다國文의過渡關係ᄂᆞᆫ如左ᄒ

者ᄂᆞ니

25

첫째, 국문을 전폐하고 한문을 전용할까.

둘째, 국문과 한문을 병용할까.

셋째, 한문을 전폐하고 국문을 전용할까.

이상 세 가지 중 상세히 이해관계를 생각해 일을 정해야 할 것이다.

첫째, 국문을 전폐하고 한문을 전용할까.

이는 위에서 논의한 바이며 또 일본의 어느 학자는 애국정신의 근원이 국사와 국문에 있다 하니 이러한 경우로 이야기해도 불가할 것이다.

둘째, 국문과 한문을 병용할까.

지금 우리의 각 교과서와 신문이 채용한 방식이니, 즉 한문으로 경(經)을 삼고 국문으로 위(緯)를 삼는 것이다. 이는 비록 첫째 것보다는 낫지만 역시 한문의 옳지 않고 배울 수 없는 폐단이 있는 것이니 마땅하지 않다.

가정한 세 가지 중 두 번째는 이미 부정되었으니 어쩔 수 없이 세 번째를 채용해야 할 것이다.

국문을 전용하고 한문을 전폐한다는 것은 국문의 독립을 이야기하는 것이요, 절대적으로 한문을 배우지 말라는 것이 아니다. 이 만국이 이웃과 같이 소통하는 시대에 와서 외국어학을 연구하는 것은 학술상 실업상 정치상을 막론하고 시급히 힘써야 할 것임에 이의가 있을 수 없으니 한문도 외국어의 하나로 배워야 할 것이다. 이 중대한 문제를 하루 아침에 단행하기는 불가능한 일일 듯하나, 망설이다가 세월이 흐르면 신국민의 사상이 견고하게 되고 출간되는 서적이 많아지면 더욱 행하기 어려울 것이니 일시의 곤란을 무릅써 우리 문명의 길을 빠르게 함이 좋은 방책이 아닌가. 이 천박한 의견을 늘어놓아 뜻있는 동포의 주의를 촉구하며 더불어 앞으로의 방책을 강구할 것을 원한다.

一、國文을專廢ᄒ고漢文을專用ᄒ가

二、國文과漢文을並用홀가

三、漢文을專廢ᄒ고國文을專用홀가

以上三者中詳密히利害關係를斟酌商量ᄒ야一을定치아니치못홀지라

此는以上에開論한바이며ᄯᅩ日本某學者의言論ᄒ딕愛國精神의根源은國史와國文에在하다하니如何한境遇로論之ᄒ야도不可홀것이요

二、國文과漢文을并用할가

現今我邦各敎科書와新報紙가採用하는者니則漢文으로經을삼고國文으로緯를삼는者라此는비록漢文을專用함보다는優하리로딕亦是漢文不可不學ᄒ의廢가行ᄒ니其宜를得ᄒ얏다하지못하리로다

假定한三者中二者ᄂᆞᆫ이믜否定되얏스니不可不第三을採用하리로다

國文을專用하고漢文을專廢ᄒ다함은國文의獨立을云함이오絕對的漢文을學ᄒ지말나함이아니라此萬國이隣家와갓치交通ᄒᄂᆞᆫ時代를當ᄒ야外國語學을硏究ᄒ이學術上實業上政治上을勿論ᄒ고急務될것은異議가無홀바이니漢文도外國語의一課로學홀지라此重大한問題를一朝에斷行ᄒ기ᄂᆞᆫ不可能한事라할듯ᄒᄂᆞᆫ遷延히歲月을經ᄒ야新國民의思想이堅固케되고出刊書籍이多數히되면더욱行ᄒ기難ᄒ리니一時의困難을冒ᄒ야我邦文明의度를速ᄒ게함이善策이아닌가玆의淺薄한意見을陳ᄒ야ᄂᆞ志同胞의注意를促ᄒ며幷ᄒ야方針의講究를願ᄒ노라

조선문법(朝鮮文法)에 대하여[1)]

1923년 6월 ■ 『시사(時事) 강연록』 제4집 ■ 박승빈(朴勝彬)[2)]

10월 11일 오후 7시 중앙청년회관내 개최

본인은 비록 등단하였으나 성대가 부족하여 언어 간에 능히 여러분께 만족을 주지 못하는 것이 심히 불안합니다. 그런데 조선 문법에 대하여 오직 권덕규 씨가 오랜 세월을 학리적(學理的)으로 연구하며 노력하는 것은 여러분도 다 아시는 바입니다만 이에 대하여 본인도 일부분의 연구를 하므로 오늘 저녁 그 연구한 바의 대강을 학리적(學理的) 연구와 상이한 점을 비교해 보려고 합니다. 이는 학자의 전문적 연구 상에도 그 견해에 상이한 점을 서로 토론해 보는 것이 도움이 될 것이라 생각합니다.

그러나 먼저 권덕규 씨의 말과 같이 문법상 연구는 도저히 이러한 연단에서 단시간에 설명할 수는 없습니다. 그러므로 다만 조선의 현재 사용하는 활용문자가 불규칙한 것이 매우 많은 것에 대해 대강을 말하자면 불규칙한 여러 가지

---

1) 하동호 엮음, 『역대한국문법대계 제3부 제11책 「한글論爭說集」 下』(박이정, 2008), 122~125.
2) 박승빈(1880~1943). 강원도 철원출생이며 법률가·교육자·국어연구가이다. 유학생으로 일본에 건너가 중앙대학 법학과를 졸업하였고, 돌아와서 법관으로 활약하다가 1910년 변호사를 개업하였으며, 1925년 보성전문학교 교장에 취임하였다. 1931년 조선어연구회를 조직하고 그 기관지로서 ≪정음 正音≫을 격월간으로 발행하여, 조선어학회와 거기에서 사정한 <한글맞춤법통일안>에 대항하였다. 언어에 대한 연구이론은 복잡한 것이 될 수 있지만, 일반대중이 사용할 정서법은 간편해야 하는 것이며, 또한 한 민족의 언어나 표기법은 역사적 지속체여야 한다는 명제를 바탕으로 하여, 복잡하며 혁신적인 <한글맞춤법통일안>에 반대하였던 것이다. 자세한 것은 김완진 외, 『국어연구의 발자취』(서울대학교 출판부, 1985) 참조.

朝鮮文法에對하야

十月十一日下午七時中央青年會館內開催

朴 勝 彬

本人은비록登壇하얏스나聲帶가不足하야言語間에能히여러분께滿足을주지못하겟슨즉甚히不安하오이다그런데朝鮮文法에對하야오즉權憲奎氏가多年을學理的으로硏究하기에努力함은여러분도다아시는바이자마는이에對하야本人도一部分의硏究함이有함으로今夕에그硏究한바로써大綱을學理的의硏究와相異한點을比較하야보랴함니다이는學者의專門的硏究上에도그見解에相異한點을서로討論하야보는것이無妨할줄로암니다

그러나몬저權憲奎氏의말과갓치文法上研究는到底히이러한演壇에서短時間으로說明할수는업슴니다그럼으로다만朝鮮의現行하는活用文字가不規則한것이甚多한바大綱을말할것갓흐면不規則한여러가지相異한

상이한 점은 놔두고 본인이 생각한 바로는 삼파(三派)의 문법이 존재한다고 생각합니다.

그 삼파(三派)의 문법이라는 것은, 하나는 관용법이니 지금 총독부에서 편찬한 교과서에서 사용하는 문법이고, 하나는 주씨법(周氏法)이니 고(故) 주시경 씨가 전수한 문법이고, 하나는 감히 말하기를 본인이 연구한 바입니다. 그런데 관용법은 어떠하냐 하면 문법보다는 통속적이어서 문법적으로 불규칙한 점이 많습니다. 예컨대 '앞에'를 '압헤'라고 하는 것은 철자가 불규칙하여 자음이 변한 것입니다.

어쨌든 간에 본인은 문법상의 의식이 없습니다. 가령 신문을 보더라도 일면은 한어와 조선어가 함께 쓰이고 있고, 일면은 조선어만으로 되어 있으면 어떠한 것이 적당한 우리의 문법이라 할 것인지? 이처럼 의식이 없습니다. 예컨대 "雨가 來하리라." 하면 우리의 문법이 아니고 한어(漢語)에 조선어로 토를 단 것이 아니겠습니까? 또 하나는 "兄이 아우와 같이 往來한다." 하면 이는 우리의 어법이지만 한문과 조선어와 합쳐진 것인데, 조선의 고유어를 한문으로 사용하여 '兄'은 한문을 사용하고,

點은置之하고本人의생각한바로는三派의文法이有하다함니다

그三派의文法이란것은一은官用式이니至今總督府에서編纂한敎科書

에用한文法이오一은周氏式이니故周時經氏의傳授한文法이오一은不敢

하나마本人의硏究한바이라함니다그런데官用式은엇더하냐하면文法보

담通俗的임으로文法上에는不規則한點이甚多함니다例컨대앞에(前)를

압헤라하는例이니綴字가不規則함을짜라서字音이變한것이올시짜

如何間에吾人은文法上의意識이無하오니다假令新聞을볼지라도一面

은漢鮮文의頁紙가잇고一面은純鮮文의頁紙가잇스면엇더한것이的實한

우리의文法이라할넌지?이와갓치意識이無하오이다例컨대一兩가來하

리라」하면우리의文法이아니오漢語에鮮文으로吐단것이아니껏슴닛가

또一式은「兄이아오와갓치往來한다」하면이는우리의語法이나漢文과鮮

語와混雜한것인즉朝鮮語의固有語를漢文으로用하야兄은漢文을用하고

朝鮮文法에 對하야

'아우'는 조선어를 사용하니 그런 모순된 문법이 어디 있겠습니까? 그래서 나온 '한문불가폐(漢文不可廢)'를 주장하는 사람들이 있는데 이는 무의식한 주장은 아닙니다. 조선의 고유어가 독립하는 것이 실제로는 어려운 현실인즉 한문을 소화하는 것이 가장 필요하다고 하겠습니다. 그러자면 첫째로 조선문의 동성원리(動聲原理)를 존중하고, 둘째로 실용 방편을 정밀히 하지 않으면 안 될 것인데 조선의 원소어(原素語)가 부족한 것이 결점이어서 더욱 주의해야 할 것입니다.

이처럼 연구하는 동시에 자음, 모음은 로마훈법(羅馬訓法)을 모방하고 어법은 일본어와 같이 연구하여, 발음법은 비교적 영어로, 그리고 어법은 비교적 일어로 병진(幷進)하는 것이 좋을 듯합니다.

본래 오늘 저녁 이 강연석에서 여러 가지 설명을 못할 것으로 예정했습니다. 다만 문법에 대한 일부분만 말하려고 한 것입니다. 그런데 본인이 연구한 바가 주씨법(周氏法)과 더불어 상이한 점을 말하자면, 거의 같고 상이한 점은 십 분의

아오는鮮語를用하니그러한矛盾된文法이어듸잇스리오그래서漢文不可

廢를主唱하는者이種々하나其亦無意識한主見은아니올시다朝鮮의固有

語가獨立하기는實難한즉漢文을消化하는것이가장必要하다함니다……

…그리하자하면一은朝鮮文의動聲原理를尊重히하고二는實用方便을周

密히하지아니하면아니될것인데朝鮮의原素語가不足한것이缺點인즉이

에더욱注意하여야할것이올시다

이와갓치硏究하는同時에子母音은羅馬訓法을模倣하고語法은日本語

와갓치硏究하야發音法은比較的英語로語法은比較的日語로幷進하는것

이조흘듯함니다

本來가今夕이講演席에서여러가지說明은못할줄로預定한바이오다만

文法에對한一部分만말하랴한것이올시다그런데本人의硏究한바가周氏

式으로더브러相異한點을말하자하면거의相同하고相異한點으로는十의

이, 삼에 불과합니다.

  (하략)

  이하는 문법에 대한 설명이 복잡하였습니다만 문법에 대한 설명을 간절히 원하시는 이는 계명구락부에서 발행하는 계명[3]잡지에 저의 기사를 이어서 읽도록 하십시오.

---

3) 계명(1921.5~1933.1) 계명구락부(啓明俱樂部)에서 기관지로 발행한 잡지이다. 계명구락부는 조선의 문화증진에 공헌하며 구락부원간에 친목을 도모함을 목적으로 1918년 조선의 지식인 33명의 발기로 창립되었다.

ㄱㄴㄷ에 不過하고十의 八九는 相同합니다

下畧

以下는 文法에 對한 說明이 支離하얏스니다 만文法에 對한 說明을 徹底히

考覽코저하시는이는 맛당히 啓明俱樂部에서 發行하는 啓明雜誌에 氏의

記事를 繼續 求覽하시오

마침내 조선 사람이 자랑이어야 한다[1]

1925년 7월 ■ 『개벽(開闢)』[2] 제61호 ■ 권덕규(權悳奎)[3]

1. 나는 조선 사람이다. 조선 사람이면서 지금 조선 사람이 아니라 예전 조선 사람이다. 이 몸이 처한 상황은 예전의 조선이 아니지만 나는 꼭 예전의 조선 사람이다. 남들이 아무리 나를 지금의 조선 사람이라 하여도 나는 지금의 조선 사람이 되고 싶지도 않고, 나는 예전의 조선 사람이다. 남들이 또 말하기를 '네가 태어나기를 지금 태어났고, 너의 하는 일이 지금 세상에서 하는 일이니 무슨 이상한 소리냐' 하여도, 나는 지금의 조선 사람은 아니다. 내가 예전 조선 사람의 혈통을 이어서 예전 조선 사람이 살던 조선에서 태어났고, 내가 받은 풍속이 예전 조선의 풍속이며, 내가 먹는 음식이 예전 조선 사람이 먹던 것이고, 내가 하는 행동과 말이 예전 조선의 것이고, 먹는 것과 입는 것이 예전 조선 사람이 하던 것과 같다. 내가 행하는 바, 세우려는 바, 도덕이나 모든 표준(標準)이 다 예전 것이며, 지금의 것은 아니다. 그래서 내가 길을 가다가도 김이 나는 설렁탕을 먹고 싶지만 "싸구려, 싸구료 진고개

---

1) 하동호 엮음, 『역대한국문법대계 제3부 제11책 「한글論爭論說集」下』(박이정, 2008), 148~151.

2) 개벽(1920.5~1926.8) 일제 강점기에 한국에서 천도교를 배경으로 발행된 종합잡지이다. 당시의 잡지 중에서 『개벽』은 가장 많은 탄압을 받았으나 통권 72호로 발행 정지를 당할 때까지 꾸준히 신문화 운동의 중추적인 역할을 다했다. 당시 문예면은 계급주의적 경향 문학의 대표인 박영희·김기진 등이 담당했다.

3) 권덕규(1890~1950). 경기도 김포 출신이며, 주시경의 뒤를 잇는 몇 학자들 가운데 한 사람으로서 1921년 조선어연구회(朝鮮語研究會) 창립에 참여하였고 ≪조선어큰사전≫ 편찬에 참여하였다. 1932년 <한글맞춤법통일안>의 원안을 작성하였다. 저서로는 『조선어문경위(朝鮮語文經緯)(1923), 『조선유기(朝鮮留記)』(1945) 등이 있다.

마침내 조선사람이자랑이여야한다

권 덕 규

一

나는 조선사람이다 조선사람이로되 只今조선
사람이아니라 네전조선사람이다 이몸둥이가處한
바는 네전의조선이아니로되 나는 색네전의조선
사람이다 남이아무리 只今의 조선사람이되라하
여도 나는只今조선사람이되고도십지아니하려니와
본대부터 나는네전의조선사람이다 남이또뭇기를
네가 나기를 只今에낫고 너의하는것이 只今世
上의하는짓이아니냐 무슨열업슨소리냐 할것이 그러나
나는 只今조선사람은아니다 내가 네전조선사람
의진(血統)을 바다서 네전조선사람의 살든조선
에낫고 그리하야 나의바든風氣가 네전조선의風
氣요 나의먹는바飮食이 네전조선사람의먹든바요
나의짓거리는바말이 네전조선의것이요 이머케먹
는바 닙는바가 네전조선사람의 하든것임과가티

내가行하려는바 세우려는바 道德이나 모든標準이
다 네전것이요 只今것은아니다 내가그러하기에길
을가다가도 김이섭여나는 설령국은 맥고집으로되
싸구려싸구료 진고개사랑보다 단일부엇이낫구료하
는것은 애 초부터돌아블바가아니며 설설이알헛소
군밤이요 무르고도덥소군밤이요하는소리는 엇구
수하야 듯기가조흐되 벽돌집모둥이에가서서 야
씨구리하는것은 眞情에듯기실타 이와가티 나는
네전을조하하고 只今을슬허한다 天下에第一보기
미운것이 어떤깃이드뇨 鬢烟당스러운것은 저허여케
시인늙은이가 머밉당스러운것은 수염을래우면서 고련한
춤하는것보다 더밉당스러운것은 업술을안다 이
것은 只今조선을 아무리讚頌하고 춤추는째일지
라도 그러조하는못하리라 그래도只今을조타고하
는兩班은 日公에日公을더하야 滿滿点이다 허허
이것은 다우숨말이고

사탕보다 단 꿀이 무엇이 나은가." 하는 것은 애초에 돌아볼 필요도 없으며, "설설히 끓었소, 군밤이요. 무르고도 따뜻하오, 군밤이요."하는 소리는 구수하여 듣기가 좋고, 벽돌집 모퉁이에 가 서서 "야끼구리4)" 하는 것은 진정 듣기 싫다. 이와 같이 나는 예전을 좋아하고 지금을 싫어한다. 천하에 가장 보기 싫은 것이 무엇이겠는가? 두말할 것 없이 허옇게 샌 늙은이가 담뱃불에 수염을 태우면서 퀄런 한 푼 하는 것보다 더 보기 싫은 것은 없을 것 같다. 이것은 지금 조선을 찬송하는 왈패들이라도 그리 좋아하지는 못할 것이다. 그래도 지금을 좋다고 하는 양반은 일공(日公)에 일공(日公)을 더하여 만만점이다. 허허, 이것은 참 우스운 말이다.

2. 지금 조선 사람은 자랑이 없다. 제 아무리 철학을 공부하였다고 해도 조선 사람의 속사정을 캐본 적도 없는 철학자는 병신, 바보 철학자 아니냐? 제 아무리 박물학자(博物學者)라고 해도 조선의 식물이 무엇이 있는 줄도 모르고, 식물 이름 하나 조선말로 기록하지 않는 학자가 무슨 학자이겠느냐? 그러나 미친놈이 벌거벗고 가면 그런 사람들도 미친놈을 보고 미쳤다 하겠지. 아무튼 지금 조선 사람은 자랑이 없다. 만일 있다고 하면 그것은 조선의 자랑이 아닌 다른 무엇일 것이다. 그러면 예전의 조선은 자랑할 것이 무엇이 있느냐? 예전 조선 사람의 자랑이라는 것을 들어보자. 황학정에 가면 활 쏘는 사람들이 있는데, 이것이 역시 예전 조선 사람이 하던 행동이다. 아직 모든 사람들이 투구가 무엇인지, 갑옷이 무엇인지 모를 때 청구(靑邱) 사람들은 벌써 갑옷, 투구에 단궁을 둘러매고 사람들을 잡아 눌렀다. 그리하여 그들이 우리가

---

4) 일본말, 군밤

二

只今朝선사람은 자랑이업다 제아무리哲學을工
夫하엿다하자 그러하기로 조선사람의속정을깨어
본적도업는哲學者가 그러하기로 病身바보哲學者 아니냐 제
아무러博物學者라고하자 그러하기로 朝선植物의
무엇이잇는줄도모르고 朝선植物로記
億하는것이업는學者 무엇이그러첫단우냐 게다
에하오리가 시원하야조타하것다 그러나미친놈이
벌거벗고가면 그사람도 그놈이미첫다하렷다 아
무른시 只今朝선사람은 자랑이업다 만일잇다하
면 그것은 조선의자랑이아닌다른무엇일것이다
그러면 녯전조선은 자랑할것이 무엇이잇느냐 네
전조선사람의 자랑이라는것을 大概들어보자 只
수도 燃燃亭이나 黃鶴亭에를가면 활쏘는째를보것
다 이것이 亦是녯전조선사람의 하든짓이다 아즉
도 저支那사람이 투구가무엇인지 갑옷이무엇인지모
큰비 支那사람을 잡아눌럿다 그리하야 그들
대째고 우리가갑옷투구에 그네의쏘는 활을맛고도 아
무러치도아닌것을보고 우터머러 銅頭鐵身이라활

을잘쏘는 大弓人 그러고도어질은仁人이라고까지널
걸엇다 이것도자랑이라하면 하나가는자랑이라
活子의創製는 印刷의便利로 書籍을廣布하야智識
을普及제! ㅡ는그릇으로 그생각해년者! 구구냐하면
조선사람이요 그實 「한時代는 西紀一千二百三十
年頃이니 和蘭의코쓰너나 獨逸의우렌베르ㅡ호보
다 압서기數百年前이라 活子의功力약크다하면이
것의最先發明이 어찌자랑이아니냐 벌서四世紀前
에鐵甲船을자어썻다는것이 이미世界의公認된事
實이요 아울러最先의發明이라는것으로 자랑을삼
는다하면 이것도 如干한것은아니다 高句麗의壁畫
나 李朝의測雨器나高麗의磁器, 慶州의石窟庵이
며 갓갑게李東武의四象說等을 낫낫이들어 자랑
을재운다하면 實로적지아니하며 이보다도며
큰자랑이 우리에게잇다하면 稀罕할것이아니랴그
무엇인고

三

皛然우리의자랑은 무엇이냐 道德上으로보아
周나라의孔子가튼이가 歸化하려하얏다는것이 자
랑이라 西洋것이다 그르고 조선것은하나도잘것

갑옷, 투구에 그 자들이 쏘는 활을 맞고도 아무렇지도 않은 것을 보고 우리더러 동두철신(銅頭鐵身)이라 하고, 활을 잘 쏘는 대궁인(大弓人)이라 하고, 어진 인인(仁人)이라고까지 일컬었다. 이것도 자랑이라 하면 하나의 자랑이다. 활자의 창제는 인쇄의 편리로 서적을 널리 퍼뜨려 지식을 보급하게 하려는 방법으로 만들어진 것인데, 그것을 생각해 낸 사람도 조선 사람이다. 그 시대가 서기 1230년경이니, 네덜란드의 코스터나 독일의 구텐베르크보다 수백 년이나 앞선다. 활자의 공력(功力)이 큰 만큼 이러한 최선발명(最先發明)이 어찌 자랑이 아니겠는가? 벌써 4세기 전에 철갑선을 만들었다는 것이 이미 세계의 공인된 사실이고, 아울러 이것을 최선의 발명이라는 것으로 자랑삼는다면 역시 여간 자랑스러운 것이 아니다. 고구려의 벽화나 이조의 측우기나 고려의 자기, 경주의 석굴암이며, 가깝게는 이동식의 사상설(四象說) 등을 낱낱이 들어 자랑할 거리를 채운다 하면 실로 적지 않다. 이보다 더 큰 자랑이 우리에게 있다하면 매우 드물 것이며, 또 무엇이 있겠는가?

3. 과연 우리의 자랑은 무엇인가? 주나라의 공자 같은 이가 귀화하려 하였다는 것이 자랑이겠는가? 동양 것은 다 그르고 조선 것은 하나도 보잘 것이 없지만 금강산 하나는 세계에 다시 없는 명산이라고 하는 어떤 서양 학생이 말한 바를 자랑으로 삼겠는가? 불교철학 중의 시조 완효 공이 나타났었다고 자랑을 삼겠는가? 팔만대장경의 귀서거질(貴書巨秩)이 있다고 자랑을 삼겠는가? 인삼이라는 영약이 난다고 자랑을 삼겠는가? 이들이 자랑이 아닌 것은 아니지만 여기서 말하려는 자랑은 아니다. 인류가 글자라는 묘기를 가진지 이미 몇 천 년인데 꼴사납고 어수선하고 거북한 것이 한둘이 아니고, 지금에 가장 세력을 가진 로마자(羅馬字)나 아직 여력이 남아 있는 한자가, 하나는 무의적(無義的)으로 하나

이업스되 金剛山하나는 世界에다시업지 못하다

는 어떤 西洋留學生의 말한바와가티 이것으로 자
땅하랴 佛敎哲學의 中始祖元曉公이 낫섯다자랑
욥슴으랴 八萬大藏經의 貴寶巨秩이잇슬하야 자랑을
삼으랴 人蔘의 靈藥이난다하야 자랑을삼으랴 이
둘이자랑아닌바는아니나 여긔말하려는자랑은아니
다 人類가 글人字라는 妙器를가진지 이미몃千年
에 딸사람고어수선하고거룩한것이 미상불하나둘
이아니어니와 只今에가장勢力을가진羅馬字나 아
尙것餘力을벗히는漢字가 하나는 撫幾의의것이라하
나는 標音의의것으로 東西에갈라잇서 最後의勝者
와갈드나 意義의의漢字가본대부터實用에便한것아
넘은말할것이요 소리는것이요 標音的의羅馬字도 또한理
운다하지못하기로는 ㅋ의不具的글人字이다 日用에그用
理致에듯어맛고 소리에막힘이업스머 그려면
석도무지나물합하업는글人字는업느냐 아니다아니
미 漢漢의走狗인漢學者의 賤對을바다 오늘싸지ㅋ
자紀이자못한諺文 곳우리의생각으로 맨들어낸訓
民正音이야말모 한點도리가업는 가장高等된合理
학준人字이다 그모양의아름다움과 소리의넉넉함

과 배우기업고 쓰기에便한것이 그하나으론 美
術的의感情을 주머 그하나으론 敎育的利點이잇고
그하나으론 實務의本能을가추어 글人字로의 要
求합도모든要點은 하나도 가추지 아녀한바ㅣ업서
서 內外의모든學者가이와가티評하야닷다 正音은字
宙의가온소리와 가존妙를다가저서 쓰며하야못쓸
것이업고 어대가막힐대가업다하고 (鄭麟趾) 諺字
는 다가추어서글人字가잇는른後의다
시업든것이라하고 (李星湖) 諺書가나가지고
語音을通치못할것이업스니 聖人이아니면 할수업
는배ㅣ라하얏고(李晬光)그글人字가만치안외 싸임
이 쌈쌈하고 쓰기에便하야 온갓
말모든소리를 샷샷이 그려낼수잇스니 이것은 넷
聖人이 미처생각지못한바며 通天下에업는것이라
하고 (申景濬) 諺文은 只今世界의二百數十種의國語
글人字가운데에 가장新式의것으로 東洋의惟一한
알와색다式글人字로 다른國語에서 불수업는 첫
재의學術的의組織을가젓스니 이點으로보아 萬方
참으로世界에자랑할만한 朝鮮의産物이라하고 (金
澤庄三郎) 글人字劃이적고도 싸임싸임의規則이正
當한點으로말하면 世界의 晉韻글人字가운데에

는 표음적(標音的)인 것으로 동서에 갈라 있어서, 최후의 승자와 같으나, 의미적인 한자가 원래부터 실용에 편한 것이 아님은 말할 것도 없는 것이고, 표음적(標音的)의 로마자(羅馬字)도 또한 이치에 맞지 않고, 소리가 적당하지 못하여 일상생활에 그 쓰임을 다하지 못하는 글자이다. 그러면 이치에 들어맞고, 소리에 막힘이 없으며, 모양이 좋아서 도무지 나무랄 데 없는 글자는 없는가? 아니다, 아니다. 한노(漢奴)의 주구(走狗)인 한학자의 천대를 받아 오늘까지 크게 쓰이지 못한 언문(諺文), 곧 우리의 생각으로 만들어 낸 훈민정음이야말로 한 점의 티도 없는 가장 고등되며 합리적인 글자이다. 그 모양의 아름다움과 소리의 넉넉함, 그리고 배우기 쉽고 쓰기에 편한 것이 그 하나이며, 미술적 감정을 주는 것이 하나이며, 교육적 이점이 하나이며, 실무적 본능(實務的 本能)을 갖추어 글자로서의 요구할 모든 요점을 갖추고 있어서 내외의 모든 학자가 이와 같이 평하였다. 정음은 자주(字宙)의 갖은 소리와 갖은 묘리를 다 가져서 쓰려하면 못 쓸것이 없고, 어디가 막힐 곳이 없다고 하였고(정인지(鄭麟趾)), 언자(諺字)는 소리란 소리는 다 갖추어서 글자가 생긴 후 다시 없는 것이라 하고(이성호(李星湖)), 언서(諺書)가 생긴 뒤로 만력어음(萬力語音)을 통하지 못할 것이 없으니 성인이 아니면 할 수 없는 것이라 하였고(이수광(李睟光)), 그 글자가 많지 않지만 짜임이 꼼꼼하고 쓰기에 편하고 배우기 쉬워서 온갖 말, 모든 소리를 샅샅이 그려낼 수 있으니 이것은 옛 성인이 미처 생각하지 못한 바이며 천하를 통틀어 없는 것이라 하고(신경준(申景濬)), 언문(諺文)은 지금 세계의 2백 수십여 종의 국어 가운데 가장 신식의 것으로 동양의 유일한 알파벳 방식의 글자로 다른 국어에서 볼 수 없는 학술적 조직을 가졌으니, 이 점으로 보아 언문은 참으로 세계에 자랑할 만한 조선의 산물이라 하고(김택장삼랑(金澤庄三郞)),

조선에 난것이 恨이되기도하겟지 그러나 이 조선에
머달러서 자랑을피울수밧게는업슬것이다。

이 땅노에 갈것이 업슬만치 精巧히 되엇다하엿다 (白
鳥庫吉) 그러나 뭇수에보아라 타고난天惠의菁華
에잇는 貴重한글ㅅ字를가지고도 이것을研究하겟
다 잘쓰겟다생각은업고 돌이어알는놈쌀아붓는단
섬으로 총소리가 쌍한다는것을 존소리가단하는
半병어리들배우려 애쓰는피 얼마나 한우님께서
할것을 하ー나님께서하고 키작은코보가되려는축
은얼마나만호냐 이싸워行事는 人生의最高理想이
이업는것은 事實이아니냐 이것은 자랑이못된다
歷史의燦爛을말하고 生活의榮華들바라는사람아
조선사람아 남보다는 남의것보다는모든것이 그
넘그쌔에된것이아니다 하나도에아니쓰고 힘아니
들인것은업지안호냐 成功의열매만보고 그것만쑴
쑤는사람은 얼이석은머릴이가아니냐 레닌의이아
기를하것다 그러나 레닌의압서의 無數한레년을
거처 레닌自身도 한平生一刻을맡지안코心力을다
「야넘음이잇슴을 생각해야할것이다 그리고機會
逃避치 아울러된것이아니며 機會를맛나거든
수러도이러하엿소하고 내노흣것이잇서야하겟다
그에는 우러가사람으로 자랑이되는셧이다 뭇수

글자가 적으면서 짜임 짜임의 규칙이 정당한 점으로 말하면 세계의 음운 글자 가운데 이 이상에 갈 것이 없을 만큼 정교히 만들어졌다고 하였다(시라토리 구라키치(白鳥庫吉)). 그러나 지금을 보아라. 타고난 천혜(天惠)의 음성이 있는 귀중한 글자를 가지고도 이것을 연구하겠다, 잘 쓰겠다 하는 생각은 없고, 도리어 아는 사람을 따라한다는 셈으로 "총소리가 땅 한다."는 것을 "존소리가 단 한다."처럼 반벙어리를 배우려 애쓰는 것이 얼마나 많은가? "한우님께서" 할 것을 "하나님께서"하고 키 작은 코보가 되려는 사람은 얼마나 많으냐? 이따위 행사는 인생의 최고 이상이 목구멍에 풀칠하는 데에 있는 사람들이겠지. 그러나 생각이 없는 것은 사실이 아니냐? 이것은 자랑이 못된다.

역사의 찬란을 말하고 생활의 영화를 바라는 사람들아. 조선 사람아. 남보다는, 남의 것 보다는 모든 것이 그날 그때에 된 것이 아니다. 하나도 애 안 쓰고, 힘을 안 들인 것이 없지 않느냐? 성공의 열매만 보고 그것만 꿈꾸는 사람은 어리석은 머저리가 아니냐? 레닌의 이야기를 하겠다. 그러나 레닌보다 앞선 무수한 레닌을 거쳐, 레닌 자신도 한 평생 일각을 쉬지 않고, 심력을 다해야 이룸이 있음을 생각해야 할 것이다. 그리고 기회란 운수(運數)까지 아울러 된 것이 아니냐? "기회를 만나거든 우리도 이렇게 하였다." 하고 내놓을 것이 있어야 하겠다. 그때는 우리가 사람으로 자랑이 되는 때이다. 지금 조선에 태어난 것이 한이 되기도 하겠지. 그러나 이 조선에 매달려서 자랑을 피울 수밖에는 없을 것이다.

경제상(經濟上)으로 본 우리글[1]

1926년 11월 13일 ■ 『조선일보(朝鮮日報)』[2] ■ 정열모(鄭烈模)[3]

이곳에 쓰고자 하는 것은 지난 9일 오후 7시부터 시내 중앙청년회관에서 개최한 '훈민정음 반포 팔회갑(八回甲) 기념 강연회'에서 각 연사가 구두로 강연한 것인 바, 널리 우리에게 참고될 것이 많으므로, 그 대략을 종합하는 일도 무의미한 일은 아닌 줄 안다. 그러므로 어제 석간 2면에 대략 보도한 것과 중복되는 점도 있을 터이나, 이는 독자 여러분이 널리 양해하기를 비는 바이다. (기자)

−상략(上略)− 나는 강연 제목을 '경제상으로 본 우리글'이라고 하였으나, 문화상으로 본 조선말과 경제상으로 본 조선말이라고 하고 싶습니다(원고를 꺼내들며). 다시 말하면 우리의 회고라 하겠습니다. −생략−
나는 요즈음에는 신문에서 우리말에 대하여 현재 우리 문사들의 의견을 들어서 보도하는 것을 보았습니다. 그런데 그들의 말을 들어보면 대

---

1) 하동호 엮음, 『역대한국문법대계 제3부 제11책 「한글論爭論說集」 上』(박이정, 2008), 18~20.

2) 조선일보. 3·1운동 후 일제가 문화정치를 표방하면서 『동아일보(東亞日報)』, 『시사신문(時事新聞)』과 함께 허가한 신문으로, 1920년 3월 5일 창간하였다. 발행 초기에는 경영난으로 발행인과 경영진이 자주 바뀌었으며, 초기의 반일적 논조 때문에 1920년대만 4차례 정간되었다.

3) 정열모. 국어문법학자이다. 1913년 조선어문회의 조선어강습원에서 최현배 등과 어문연구를 하였다. 종합적 설명방식으로 국어문법을 기술하였으며, 국어문법학자 가운데 가장 작은 품사분류인 명사·동사·관형사·부사·감탄사 등 국어의 품사를 5품사로 분류하였다. 『신편고등문법』(한글문화사, 1946), 『초급국어문법독본』(고려서적, 1948), 『고급국어문법독본』(고려서적, 1948) 등의 저서를 남겼다. 8·15 이후 홍기문 등과 월북하였으며, 그 뒤의 활동과 학문적인 업적은 알려진 것이 없다.

개는 불완전하다는 말이 많은데, 그 의견이 여러 문사들의 공통점으로 볼 수 있습니다. 그리고 그 중에 어느 분은 양성(兩性)에 대한 것이 구분되지 않음을 말한 분도 있습니다만, 나는 이것을 일시실수라고 생각합니다. 그는 그네들이 외국어로 교육을 받은 관계로 그와 같은 외국 사람의 감정으로 조선 문학을 창조하고자 하니까, 그와 같이 불완전하다는 생각이 들게 되는 것입니다. 그렇지 않으면 그들이 조선어에 대한 소양이 적은 탓입니다. −생략− 최근에 영어나 일어를 조선말로 발표할 수 없는 정조(情調)가 있다 하여 조선말을 그보다 불충분하다고 하는 사람이 있으나, 우리의 말도 또한 저들의 말로 발표할 수 없는 정조(情調)가 있으니, 예를 들면 '모시(苧布)를 이리저리 삼는다'는 것, '홈빨면 감싼다'는 것−……등은 영어나 혹은 일어로 어떻게 번역하겠습니까(만장 박수). −생략− 요컨대 제나라 말과 남의 나라 말과를 비교하는 것이 잘못입니다. 그러므로 우리의 말이 외국어보다 불완전하다고 보는 우리 문사의 의견입니다. 결코 우리의 것이 남의 것보다 손색은 없습니다. −생략− 우리의 말이 과학적으로 좋으니 예를 들면 좋은 음식도 그것을 담는 그릇이 추악하면 그 속에 있는 음식의 맛도 좋지 않은 듯이 생각이 들며, 그리 맛있지 못한 음식도 그것을 담은 그릇이 훌륭하면 맛이 더 있는 것 같습니다. 문화라는 것은 높은 곳으로부터 낮은 곳으로 흘러가는 것이며, 따라 다른 종족을 동화시키는데 위대함이 있으니, 중국에서도 만주족이 무력으로는 한족을 정벌하였었으나, 문화로는 도리어 한족의 동화를 받아, 이제 와서 만주족이 스스로 가졌던 문화의 형적(形跡)이 어디 있습니까. 인위(人爲)의 역사라도 어찌 할 수 없는 것을 증명하는 것은 언어와 풍속입니다. 그러면 언어와 풍속으로 조선 문화가 일본 문화에 끼친 영향이 얼마입니까. 그것은 우리가 우리의 것을

18

經濟上으로 본 우리글

鄭 烈 模

이에 紹介코자 하는 것은 去九日 午後 七時부터 市內 中央靑年
會館에서 開催한 『訓民正音頒布八回甲紀念講演會』에서 各演士가
口頭로 講演한 것인 바, 널리 우리에게 參考될 것이 만흠으로,
그의 大略을 紹介하는 일도 無意味한 事가 아닌가 한다. 그럼으
로 昨日 夕刊 二面에 大略報道한 것과 重複되는 점도 있을 터이
나, 이는 讀者諸氏가 널리 諒解하기를 비는 바이다. (一記者)

——上略—— 나는 演題를 「경제상으로 본 우리글」이라고 하얏으나, 文
化上으로 본 朝鮮말과 經濟上으로 본 朝鮮말이라고 하고 싶습니다(原稿를
써내들며). 다시 말하면·우리말의 回顧라 하겟습니다. ——略—— 나는 近
者에는 新聞에서 우리말에 對하야 現下 우리 文士들의 意見을 들어서 報
道하는 것을 보앗슴니다. 그런데 그들의 말을 들어보면 대개는 不完全타
는 말이 만하, 그 意見이 여러 文士들의 共通點으로 볼 수 잇슴니다. 그
리고 그 中에 어느분은 兩性에 대한 것이 區分되지 안음을 말한 분도 잇
슴니다마는, 나는 이것을 一時失數라고 생각함니다. 그는 그네들이 外國
語로 敎育을 바든 관계로 그와 가튼 外國사람의 感情으로 朝鮮文學을 創
造코자 하니까, 그와 가티 不完全타는 생각이 들게 되는 것이다. 그럿지
안흐면 그들이 朝鮮語에 대한 素養이 적은 탓이다. ——略—— 근자에 英
語나 日語를 조선말로 發表할 수 업는 情調가 잇다 하야 조선말을 그보다
不充分하다고 하는 者가 잇스나, 우리의 말도 또한 저들의 말로 발표할
수 없는 情調가 잇스니, 예하면 「모시(苧布)를 이리저리 삼는다」는 것 「훔

맹목적으로 존대하는 것이 아니라, 말의 예를 든다면 일본서는 '신(神)'을 '가미'라 합니다. 그러나 그것은 조선에서 '신(神)'을 '검'이라 하는 것과 같고, 또 종교의 예를 들면, 일본의 신도교(神道敎)가 조선의 대종교와 흡사하여, 조선의 대종교는 공(孔), 로(老), 석(釋)을 포함함과 같이 일본 신도교(神道敎)는 불교와 도교를 동화시키고자 한 것이며, 또한 말의 예를 들면 일본에서 '술(酒)'을 'サケ'라는 것이 조선의 '삭힌다'는 말이며, 일본에서 '밥'을 'メツ'라 하는 것은 조선 궁중어에 '메습시요'라는 것이며, −생략− 그러나 이상한 것은 조선에서 '님'이라 하는 것은 존칭으로 자식이 어버이를 아버'님', 어머'님' 하고, 또는 상사(相思)하는 사람을 '님'이라 하는 것인데, 일본서는 '누이'(妹)를 'イモカト'라 하여 '님'의 'ヒト'(즉 님의 사람)이라 하는 것이 여간 이상한 것이 아닙니다(만장 박수 실소). 일본의 만상각사(萬象各詞)가 보다 우리의 것과 유사한 것을 보면 우리의 말이 그들에게 얼마나 많은 호영향(好影響)을 주었던가를 알 수 있습니다. 그러나 이제 와서 그와 반대로 일본어가 우리에게 들어온 것이 'モチ떡', 'ヤキイモ' 등으로 빈곤하기 짝이 없으니, 이는 워낙 우리의 말이 고상하기 까닭에 다른 곳의 언어가 침입하지 못하는 것입니다. 우리의 말이 이와 같음에도 그것을 모르고 그와 같은 말을 하는 문사의 그 말은 어느 점으로 보던지 좋지 못합니다. 이는 문화상으로 본 우리의 말이며, 경제상으로 본 우리의 말을 이야기한다 하면 −생략− 사람의 생활은 의식주의 세 가지로만은 생활할 수 없는 것입니다. 제나라 국어가 직접 생활상에 위대한 영향을 미치게 하는 것이니, 어느 친구의 말을 들은 즉 (그 말이 꼭 그렇다는 것은 아닙니다마는) 자기 나라 말을 오래 쓰니 않으니까 소화불량이 생기더라고 하는 말까지 들었습니다. −생략− 가령 조선의 지식계급을 작게 쳐서 만 명

19

쌜면 감싼다」는 것——……等은 영어나 혹은 일어로 엇터케 번역할 것이
요(滿場 박수). ——略—— 要컨대 제나라 말과 남의 나라 말과를 比較하
는 것이 잘못임니다. 그럼으로 우리의 말이 외국어보다 不完全하다고 보
는 우리 文士의 意見임니다. 決코 우리의 것이 남의 것보다 손색은 업슴
니다. ——略—— 우리의 말이 科學的으로 조흐니 例하면 조흔 음식도 그
것을 담은 器皿이 추악하면 그 속에 잇는 음식의 맛도 조치 안은 듯이 생
각이 들며, 그리 맛 잇지 못한 음식도 그것을 담은 器皿이 훌륭하면 맛이
더 잇는 것 갓슴니다. 文化라는 것은 놉흔 곳으로부터 낮은 곳으로 흘러
가는 것이며, 써라 다른 種族을 同化식히는데 위대함이 잇스니, 支那에서
도 滿洲族이 무력으로는 漢族을 征伐하얏섯스나, 文化로는 도리혀 한족의
동화를 바다, 而今에 만주족이 스스로 가젓든 문화의 形跡이 어데 잇는가.
人爲의 역사라도 엇지 할 수 없는 것을 증명함은 言語와 風俗이다. 그러
면 言語와 風俗으로 조선문화가 일본 文化에 씨친 영향이 얼마나 한가.
그것은 우리가 우리의 것을 盲目尊大하는 것이 아니라, 말의 例를 든다하
면 일본서는 「神」을 「가미」라 한다. 그러나 그것은 조선에서 「神」을 「검」
이라 하는 것과 갓고, 또 宗敎의 例를 들으면, 일본의 神道敎가 조선의
大宗敎와 恰似하야, 조선의 대종교는 孔, 老, 釋을 포함함과 가티 日本神
道敎는 佛敎와 神道를 同化식이고자한 것이며, 또한 말의 예를 들면 日本
서 「술(酒)」을 「サケ」라는 것이 조선의 「삭힌다」는 말이며, 일본에서 「밥」
을 「メシ」라 하는 것은 조선 궁중어에 「메슙시요」라는 것이며, ——略——
그러나 이상한 것은 조선서 「님」이라 하는 것은 尊稱으로 자식이 어버이
를 아버「님」 어머「님」 하고, 또는 相思하는 사람을 「님」이라 하는 것인
데, 일본서는 「누의」(妹)를 「イモカト」라 하야 「님」의 「ヒト」(即 님의 사
람)이라 하는 것이 여간 이상한 것이다(만장 박수 실소). 일본의 萬象各
詞가 보다 우리의 것과 유사한 것을 보면 우리의 말이 그들에게 얼마나
한 好影響을 주엇던가를 알 수 잇슴니다. 그러나 今日에 와서 그와 반대
로 일본어가 우리에게 들어온 것으로 한 쩟은 것이 「モチ쩍」「ヤキイモ」
등으로 비근하기 짝이 업스니, 이는 원악 우리의 말이 高尙하기 싸닭에
다른 곳의 언어가 침입하지 못하는 것임니다. 우리의 말이 이와 가틈에도

이라고 칩시다. 그리고 그들이 매월 사보는 서적비를 오원씩만 친다 하여도 일년에 육십만 원이 아닙니까. 그러나 그것은 모두 외국의 서적상이 우리에게 해마다 빼앗아가는 것입니다. 이러하니 이는 경제적으로 순수하게 받는 우리의 손실입니다. 그리고 중등 정도 학생들의 서적대를 친다 하면 백여만 원의 막대한 금전이 매년 지출되는 것입니다. 그래서 나는 적어도 우리 자제들에게 초등 정도 학교에서 중등 정도까지에 보통 교육에는 우리말로 교육 용어를 삼도록 운동하자는 것입니다.

20

그것을 모르고 그와 가튼 말을 하는 文士의 그 말은 어느 점으로 보던지 조치 못합니다. 이는 文化上으로 본 우리의 말이며, 경제상으로 본 우리의 말을 이야기한다 하면 ——略—— 사람의 생활은 衣食住의 세 가지로만은 생활할 수 업는 것임니다. 제나라 國語가 직접 생활상에 위대한 영향을 미치게 하는 것이니, 어느 친구의 말을 들은 즉 (그 말이 쏙 그러타는 것은 안임니다만은) 자기 나라 말을 오래 쓰지 안으니쌔 消化不良이 생기드라고 하는 말쌔지 들엇슴니다. ——略—— 假量 조선의 지식계급을 줄어처서 만명이라고 침시다. 그리고 그들이 매월 사보는 서적비를 오원 석만 친다하야도 일년에 육십만원이 안임니쌔. 그러나 그것은 모다 외국의 서적상이 우리에게 逐年 쎄서가는 것임니다. 이러하니 이는 경제적으로 순수히 밧는 우리의 손실임니다. 그리고 중등정도 학생들의 서적대를 친다 하면 백여만원의 막대한 금전이 매년 지출되는 것임니다. 그래서 나는 적어도 우리 자제들에게 초등 정도 학교에서 중등 정도 쌔지에 보통교육에는 우리말로 교육용어를 삼도록 운동하자는 것임니다.

〈朝鮮日報 1926. 11. 13〉

외국에 가서 생각나던 조선의 것—조선어와 조선의복

1928년 5월 1일 ■ 『별건곤(別乾坤)』[1) 제12·13호 ■ 김우평(金佑枰)[2)

　　외국에 가서 있어도 우리 조선 사람이 많이 있는 곳이고 조선 사람과 서로 교제가 항상 있다면 우리의 말과 의복 같은 것은 그다지 그리울 것이 없을 것입니다. 그러나 나는 미주에 가서 6, 7년 있는 동안에 실상 혼자 떨어져 있었기 때문에 날마다 대하는 사람이라야 소위 푸른 눈, 금발 머리(碧眼紫髮)의 백인들뿐이요 입는 옷과 음식도 서양 것뿐이요 듣는 말도 제비소리(鳶語)같이 빌빌밸밸 하고 떠드는 백인의 말뿐이었습니다. 그리하여 공원이나 극장이나 학교와 같이 여러 사람이 모인 곳을 가면 무엇보다도 먼저 고국 사람이 있나하고 살펴보았으며 몸이 좀 불편할 때에도 조선의 의복이 생각나고 또 무슨 사상을 발표할 때에는 조선말로 좀 시원하게 했으면 하는 생각이 나며 남의 말을 들을 때에도 조선말로 했으면 하는 생각이 많았습니다. 자기의 고향을 사랑하면 일반이 듣기 싫다는 까마귀 소리까지 듣고 싶다 하거든 하물며 몇천년을 두고 우리의 조상과 우리의 동포가 한 가지로 쓰고 입던 말과 의복이야 어찌 그립지 않겠습니까. 특히 우리 조선의 의복은 지구력이 약한 것은 다소 결점이라 하겠으나 제도의 우아한 것이라든지 자태의 고결한 것은 남의 나라 의복보다 우수한 점을 발견할 수가 있습니다. 어찌하였든 나는 이 두 가지가 가장 생각났습니다.

---

1) 별건곤(1926.11~1934.03)은 월간 취미잡지이다. 언론잡지인 『개벽(開闢)』의 뒤를 이어 개벽사에서 월간으로 창간하였다.
2) 김우평(1898~1961). 언론인이며, 정치인이다. 일본 유학을 거쳐 미국 콜롬비아대학 경제학부를 졸업했다. 일찍이 구미 각국을 순방하여 해박한 지식의 소유자로 일제하에 동아일보 기자와 만주국의 재무부 참사관을 지내고, 광복 후에는 미군정의 외자청의 구매처장을 거쳐 제5대 민의원에 당선되기도 했다. 4·19학생의거로 자유당 정권이 붕괴되고 민주당 정권이 수립되자 부흥부 장관을 역임했다. 자세한 것은 『여수·여천향토지』(여수·여천향토지편찬위원회, 1982) 참조

朝鮮語와 朝鮮服

金佑枰

外國에가쉬엇스되 우리朝鮮사람이
만히잇는곳이오 朝鮮사람과서로 交
際가항상잇다면 우리의말과 衣服가튼
것은 그다지 그립을것이 업슬것임
니다. 그런나. 나는米洲에가서 六七
年잇는동안에 일상혼자 써러저잇섯
기쎄문에 날마다觀하는사 람이라야
所謂碧眼紫髥의白人들뿐이요 입는옷
가음식도西洋켓한고쎄듯는 치
白人의말뿐이엇슴니다。그리하야公園
이나劇場이나 學校와가튼 여러사람
이뫼힌곳을가면 무엇보다도먼커 故
國사람이잇나하고 살펴보앗스며 몸
이줌불편할쎄에도 朝鮮의衣服이생각
나고 뚜무슨思想를발표할쎄에는 朝
鮮말로 좀시원이하얏스면 하는생각

이나며 남의말을들음세에도 朝鮮말
로하얏스면 하는생각이만헛슴니다。
自己의故鄕을사랑하면일반이 동기설
라 부쳐마귀소리쩌지 돗고십다거든

누구나 남의것을보다음에야自己것
이더렵다。同時로 黑烟暗霧中에 차
여잇는英國氣候가튼것은 그詩淸目大
하야 自國의것은 무엇이라도다못라
고하는 英人씨지 모답한것을 自白하
는것이 넛가。별로말할境地도업거니와
이 日本氣候의曲澤과 獨國의陰寒한것도
멋멋나라에가써지비러낫가 特히朝鮮
의氣候가云云『朝鮮긔후가 가잇더한것을

잇치지안튼氣候와김치

金俊淵

하룬며 멋千年을두고 우리의 祖先
以우리의同胞가 한가지로 쓰고잇든
쌀과 衣服이야엇지 그립지안캣슴닛
가 特히우리朝鮮의衣服은 持久力이
强한것은 多少缺點이락하겟스나 制
度의優雅한것이라든지 色態의高潔한
것은 남의나라 衣服보다 優勝한點을
發見할수가잇슴니다 남의무가지가 나
의눈부가지가 가장생각낫슴니다。

——(147)——

문자중의 패왕 한글

1928년 5월 ■ 『별건곤』1) 12 · 13호 ■ 신명균2)

    속담에 '자랑 끝에 불이 붙는다'는 말이 있다. 이 말은 자랑을 말라고 경계한 말이다. 자랑이란 그것이 개인적이거나 민족적이거나 또는 사실이거나 아니거나 간에 이미 자랑인 이상에는 그의 목적이 저의 잘난 것을 남에게 알리자는 데에 있는 까닭으로 어떻게 해서라도 저의 잘난 것을 질이 좀 더 좋게 또는 양이 좀 더 많게 남에게 알려보려고 애를 쓸 것은 인정상 당연한 일일 줄 안다. 그러므로 그의 판단이란 것은 공정한 이지(理智)로부터 나오지 못하고 흔히는 감정으로 쏠리기 때문에 언제든지 사실보다는 과장되기 쉽고, 그의 결과는 부질없는 자만만 일으키고 만다. 또는 턱없는 우월감을 가지게 해서 자기의 향상을 느리게 하는 동시에 인류의 평화를 상하게 하는 일이 종종 있다. 때문에 이러

---

1) 『별건곤』(別乾坤, 1926년 11월~1934년 7월). 개벽사에서 『개벽(開闢)』 대신 간행한 1920년대의 대표적 대중잡지. 창간호에는 이상화의 시와 이기영 · 박영희의 소설, 김기진 · 최승일의 수필 등 당대 최고 지성들의 작품이 실려 있다. 전반적으로는 취미나 야사, 시정 스케치 등을 주로 실었다. 그리고 「조선 자랑호」(3권 2호), 한용운 · 이상협 등의 「생활개선안」(통권 16 · 17호)나 「교육계 · 독서계 · 문단 · 공업계 · 종교계」 등의 최근 10년간의 변천」(5권 1호), 사회 각계 인사들의 「조선은 어디로 가나?」 등의 글들을 통해 무게 있는 현실비판 의식을 담기도 했다. 주요 집필진은 차상찬 · 박달성 · 이서구 등이다.
2) 신명균(1889~1941). 조선의 국어학자이자 교육자이다. 조선어강습원에서 김두봉, 이규영, 최현배, 이병기 등과 함께 주시경으로부터 직접 가르침을 받았다. 동덕여학교에서 교원으로 있으면서 1921년 조선어연구회(朝鮮語硏究會)의 창립 동인으로 활동하였다. 동인지 『한글』의 편집자 겸 발행인으로서 한글 연구 및 보급에 주력하였다. 1931년부터는 조선어학회(朝鮮語學會)의 기간회원으로 활약하면서, <한글맞춤법통일안> 제정에 앞장섰다. 「한자음(漢字音)문제에 대하여」(『한글』 2~6호), 「된시옷이란 무엇이냐?」(『한글』7호), 「맞춤법의 합리화」(『한글』 3호), 『신소년(新少年)』, 『시조전집(時調全集)』, 『주시경집(周時經集)』, 『가사집(歌詞集)』, 『소설집(小說集)』 등을 집필했다.

文字中의 覇王한글

申 明 均

俗談에 자랑끝혀 붓는다는 말이있다 이말은 자랑을말라고 警戒한 말이다 이것이 個人的이거나 民族的이거나 뜨는 事實아 거리가 되거나 안되거나 이미 자랑인以上에는 그의目的이커의 잘난것을 남의게 알리자는데에 잇는外닭으로 어떠케하여서라도 커의잘난것을 質이좋던조케 뜨는 量이좋던만케 남에게 알려보려고 어를쓸것은 人情上當然한 일을줄 안다 그러하므로 그의判斷이란것은 公正한理知로부러 나오지못하고 흔히는 感情으로쏠리기쉬운것이고 그의結果는 키든지 事實보다는 誇張이되기쉬운것이고 그의結果는 부질업는自慢만 원을키고마는색문으로 同時에 학업는優越感을 가지게하여서 自己의向上을 무지르는同時에 人類의平和를 傷하는일이 종종잇기색문으로 이러한警句가 잇게된것이 아닌가한다.

그러나 우리朝鮮사람은 歷史的으로 남에게 自慢을부려보지못하던 아주驃通한民族이라 오날이라고 새삼스런이 남에게 自慢을부리려들리도 업을것이나가 이러한警戒가 그다지必要할일은 업슬듯안다 그러나 우리가 자랑을너무도모르것이 우리에게 果然幸이되엿는지 不幸이되엿는지는 別問題로하고 자랑이맛것이라고 커가 키울수잇것까지 不可한일은아닐것이다 커의文化的地位와 文化的價値를 科學的으로評論하여서 個人이나民族에 對한 自貴心뿐가지는것은 이것이 決斷코 自慢도아니오 誇張도아니오 어다 다만 自己個人이나 自己民族이 文化에對하여 얼마나한 創造的力量을 가젓는가 뜨는自己의 文化가 自己네生活의 開拓하는데 얼마나價値잇는가 여기에 아는데不過하것이 아닐것이다 이것이 아무不可업슬것이다 이自貴心은 곳압흐로 새로운文化를비워나갈수도잇는 오날運動의 長만해낼수도잇는 미천이 되는것이가 나는이러한意味로 우리글의 文化的價値를 말슴못할깃일다 우리는 흔히朝鮮의五千年文化를 말한다 미상불 貿로써爛爛한바이 업는것도아니오날으로도 남에게 그다지못할바는 업지마는 이文化를 朝鮮사람全體의文化라고는 이를수가 업는것이다 웨그러냐하면 이왕우리의 한 경구가 있는 것이 아닌가 한다.

본래 우리 조선 사람은 역사적으로 남에게 자만을 부려보지 못하던 아주 겸손한 민족이라 오늘날이라고 새삼스레 남에게 자만을 부리려 할 리도 없을 것이니까 이러한 경계가 그다지 필요할 일은 없을 줄 안다. 그러나 우리가 자랑을 너무도 모른 것이 우리에게 과연 다행인지 불행인지는 다른 문제로 하고, 자랑을 말 것이라고 제가 저를 아는 것까지 불가한 일은 아닌 것이다. 저의 문화적 지위와 문화적 가치를 가장 냉정하게 과학적으로 평론해서 개인이나 민족으로 자기 문화에 대한 자부심을 가지는 것은 이것이 결단코 자만도 아니요, 과장도 아닌 것이다. 다만 자기 개인이나 자기 민족이 문화에 대하여 얼마만큼의 창조적 역량을 가졌는가, 또는 자기의 문화가 자기네 생활을 개척하는데 얼마만큼의 가치를 가졌는가를 아는 데 불과하니까 여기에 아무 불가가 없을 뿐더러 이 자부심은 곧 앞으로 새로운 문화를 빚어낼 수도 있는 것이기에 기꺼운 행복을 장만해낼 수도 있는 밑천이 되는 것이니까 오늘날 우리로서는 없지 못할 일이다. 나는 이러한 의미로 우리 글의 문화적 가치를 말하려한다.

우리는 흔히 조선의 오천년 문화를 말한다. 미상불 질적인 측면에서 찬란한 바 없는 것도 아니요, 양으로도 남에게 그다지 못할 바는 없지만 이 문화를 조선 사람 전체의 문화라고는 이를 수가 없는 것이다. 왜 그런가 하면 이왕 우리의 많은 선민들은 저 한자(漢字)라는 절연체로 말미암아 모든 문화와 인연을 끊고 살았기에 우리의 오천년 문화란 것은 어느 계급에 전속된 문화였고 그것이 전민족이 공유한 문화가 되지 못하였기 때문이다. 게다가 그때에 이것을 위하여 애를 태우던 우국의 선비도 없었고 이것을 위하여 분노한 강개의 선비도 또한 없었다.

만혼先民들은 긔漢字라는 怨懟體로말미암아서 모든文化와 因緣을단코 살앗기째문으로 우리의 五千年文化란 것은 어느階級에 專屬된文化이엇고 그것이 全民族의 共有한文化가되지못하 엿가싯째문이다 그러나 그째에 이것을爲하여 憤慨한懷慨의션비도 업섯고 이것을爲하여 긔漢字라는 怨懟體로말미암아서 모든文化…

그것이 바로 紀元三七七九年이엇다。

李朝世宗大王의 朝鮮文化의 셜星으로 나라난것이 긔一篇의 訓民正音이다 世宗은 訓民正音序文中에이러한말슴을하엿다 「使人人易習、便於日用耳」이라고 그功績은

「余爲此憫然」이라하는 歎聲과한가지 朝鮮文化의 셜星으로 나라난것이 긔一篇의 訓民正音이다 世宗은 訓民正音이 直接的으로 重大한關係를가지고잇는것은 그의文學的生活에 訓民正音이 果然얼마나 한文學的價値를가지고잇느냐 여기에對하여 이것을評論하자면 訓民正音의 果然얼마나 한文學的價値를 가지고잇는냐 이것을評論함標準이 잇서야할것이다 여기에對하여 우에도말슴한바와가치 世宗序文中에「使人人易習、便於日用耳」라는 句節이잇는데 이 學習과實用의 두가지條件은 文字로서업지못할條件이다 이것을 다시잘게分析한다면 學習、設置(보기)인데다가 規書方式이 한갓橫으로만되엇기째문에 印刷하기에 便利한點으로 다른文字에 類가업슬것이나 英字印刷의씨가지로分類할수잇는것이니 지금이씨가지條件을

가지고 世宗의訓民正音을 日本가나、漢字英字와比較하 야서 長短을헤아려보는것이 긔日本가나는 그組織이 매우必要한일슬안다。 한音節을單位로하여서되 音節文字인데다가 그 수其가 ヵ(가)ナ(나)タ、(다)ラ(라)… 와가치 얼마안되는것과 音節文字로되여잇서서 꼬는우리글과가치 바침가흔것 수其가 얼마안되는것과 一定不變하는것外라요 로 우리글보다 배호기는쉽사우나 子母音이한데로 되엿스며 字形이 音節을單位로하여되고 漢字나英字와가리 觀念을單位로하여 되지안흐外닭으로 보기에不便한點의 두가지缺陷은 다 시엇더케할수업는 音惱文字로서는 別로價値가업는 文字라고보겟다。

긔漢字는 그組織이 象形文字인째문에 文字하나하나 가 觀念하나씩을 表示하고잇는外닭으로 보기에便利한 點은어느文字로써라가지못할만한 長處를가지고잇스 나 그수其가만흐므로써 배호기에不便한點과 印刷 하기에는가치호아는 거의文字노릇을못할만큼 큰短處가잇 기째문으로中國科도 긔漢字로써 새文字를만들어가지 고 지금試驗中이라고한다。

긔英字는 그組織이 單音을單位로하여서되 羅馬字運動 인데다가 橫으로만되엇기째문에 印刷 하기에 便利한點으로 다른文字에 類가업슬것이나 英字

그것이 바로 기원 3779년이었다. 이조세종대왕의 '여위차민연(余爲此憫然)'이라 하는 탄성과 한 가지 조선 문화에 혜성처럼 나타난 것이 저 훈민정음이다. 세종은 훈민정음 서문 중에 이러한 말씀을 하셨다. '使人人易習, 使於日用耳'이라고 조선문화는 과연 이날로부터 그 문호가 개방된 것이다. 그의 문화적 가치로 무엇보다 중대한 것은 이 문화개방의 선구로 받들지 않을 수 없는 것이고, 그의 공적을 영원히 기리지 않을 수 없는 것이다. 그러나 훈민정음이 우리 생활에 직접적으로 중대한 관계를 가지고 있는 것은 그의 문학적 가치이다. 훈민정음이 과연 얼마나 문학적 가치를 가지고 있느냐 이것을 평가하자면 이것을 평가할 표준이 있어야 할 것이다. 여기에 대하여는 위에서도 말한 바와 같이 세종 서문 중에 '使人人易習, 使於日用耳'라는 구절이 있다. 이 학습과 실용의 두 가지 조건은 문자로서 반드시 있는 조건이다. 이것을 다시 잘게 분석한다면 학습, 찬서(讚書)(보기), 인쇄의 세 가지로 분류할 수 있다. 지금 이 세 가지 조건을 가지고 세종의 훈민정음을 일본 가나, 한자(漢子), 영자(英字)와 비교하여 장단을 헤아려보는 것이 매우 필요한 일인 줄 안다.

저 일본 가나는 그 조직이 力(가) ㅓ(나) 夕(다) 亐(라)…와 같이 한 음절을 단위로 해서 된 음절문자인데다가 그 수효가 얼마 안 되는 것과, 우리 글과 같이 받침 같은 것이 없어서 글자의 자형이 언제든지 일정 불변하는 까닭으로 우리글보다 배우기는 훨씬 쉽다. 그러나 자모음이 한 덩이로 된 관계상 음의 활용이 자유롭지 못한 점, 자형이 음절을 단위로 하여 되고 한자(漢子)나 영자(英字)와 같이 관념을 단위로 하여 되지 않는 까닭으로 보기에 불편한 점 이 두 가지 결함은 다시 어떻게 할 수 없는 단점이므로 음운문자로서는 별로 가치가 없는 문자라고 하겠다. 그러므로 라마자(羅馬字) 운동이 오늘과 같은 형세를 이룬 것이다.

는 그音의組織이 不合理한外라으로 呼호기에 不便한 것이다 어떠한不便들은 訓民正音을 만들먼當時에 注意

點은 거의漢字이나 別로다를바이업슬것이다 그러므로 가즌不足하엿던外라이오 그의本質

지금「아메리카」가튼나라에는。 綴字改良協會라는것이 이잇는것은 아니엇가이며한問題는 우리들이 必要는다

잇서가지고 有力한新聞雜誌社와 協力하여서 그音韻組 다쇠면 얼마든지改良할수잇는바이다 이러한問題는도 미상

織을 高麗整音學原理에 비추어 整理하는中이라한다。 分 時急지안흔것은아니지마는 이보다도 呼한急切한

우리글은이커 日本의가나만큼 쉬지는못하여도 붉은文字이오 그組織은 오늘 科學 的인組織은 오늘 날音韻文字中에 선 覇王이라고 일컷지안흘수업 다 그러나 그 音節 字形이 音節 觀念을單位로하기되고 便利가업슬뿐더러 觀念을單位로하기되고 로만되고 고노와가른것은縱으로 은 縱橫兼象으로 英字와가티 始捨하고 그不便한程度는 거의漢字나 別로다름이업슬

一 한武器는 이글이잇슬뿐이다 그러나 될 武器로써 우은勝利를期必할수잇슬것이나 會에서도敎育의必要와 文이打破라는 소티가 꿈흔지는 그의根本問題인 글整理問題에 對하여 쓰는 아직도 갑갑하여서 아무消息이업슬뿐더러 問成

最初에訓正音民을그밀로한 問題는 우 밀들의 無 識으로말미 암아서 생 統一問題와 긴綴字法의 語의問題이다 우 術語와日用 語의 民衆 化이다 우 리외前途를 開拓하여서 最後의勝利 를어들뿐

世宗御製 訓民正音
國之語音이 異乎中國하야 與文字로 不相流通할새 故로 愚民이 有所欲言하야도 而終不得伸其情者ㅣ 多矣라 予ㅣ 爲此憫然하야 新制二十八字하노니 欲使人人으로 易習하야 便於日用耳니라

나랏말ᄊᆞ미 中國에 달아 文字와로 서르 ᄉᆞᄆᆞᆺ디 아니ᄒᆞᆯᄊᆡ 이런 젼ᄎᆞ로 어린 百姓이 니르고져 홀 배 이셔도 ᄆᆞᄎᆞᆷ내 제 ᄠᅳ들 시러 펴디 몯ᄒᆞᇙ 노미 하니라

한자는 그 조직이 상형문자이기 때문에 문자 하나하나가 관념 하나씩을 표시하고 있는 까닭으로 보기에 편리한 점으론 어느 문자도 따라가지 못할만한 장점을 가지고 있다. 그러나 그 수효가 많음으로 해서 배우기에 불편한 점과 인쇄하기에 불편한 점은 거의 문자 노릇을 못할 만큼 큰 단점이기 때문으로 중국에서도 주문자모(註文字母)라는 새 문자를 만들어 지금 시험중이라고 한다.

영자(英字)는 그 조직이 단음을 단위로 해서 된 단음문자인데다가 철자방식이 한갓 횡으로만 되어 있기 때문에 인쇄하기에 편리한 점으로 다른 문자에 비교할 것이 없으나 영자는 그 음운조직이 불합리한 까닭으로 배우기에 불편한 점은 거의 한자만큼이다. 그러므로 지금 아메리카 같은 나라에서는 철자개량협회라는 것이 있어서 유력한 신문잡지사와 협력하여 그 음운조직을 만국성음학 원리에 비추어 정리하는 중이라 한다.

우리 글은 저 일본의 가나만큼 쉽지는 못하여도 배우기는 미상불 쉬운 문자요, 그 조직이 과학적인 점은 오늘날 음운문자 중에서 최고라 하지 않을 수 없다. 그러나 그 글자의 형태가 음절을 단위로 하고 관념을 단위로 하지 못한 까닭으로 한자나 영자같이 보기 쉬운 편리가 없을 뿐더러 철자방식이 가나와 같은 것은 횡(橫)으로만 되고 '고, 노'와 같은 것은 종(縱)으로만 되고 '각, 간, 밝'과 같은 것은 종횡을 겸하여 된 까닭으로 영자(英字)와 같이 인쇄에 편리는 고사하고 그 불편한 정도는 거의 한자나 별로 다름이 없을 것이다. 이러한 불편들은 훈민정음을 만들던 당시에 주의가 좀 부족하였던 까닭이요, 저 한자나 가나처럼 글의 본질이 나쁜 것은 아니니 이러한 문제는 우리들이 필요를 따라서 얼마든지 개정할 수 있는 바이다. 이러한 문제들도 미상불 시급하지 않은

整理의 必要를 말하는 者잇드래도 여보 무슨느러진八字
따고 말라고경마잡히겟소 急한놈이 아무려커라도 아
느게第一이지한다. 아모리急하기로 말놈각구로라는法은
업는것이다. 急하기색문에 엇떠케하면 勞力과 時間을
덜드려가지고 짜른時間에만흔 收穫을 整理하
자는것이 아니겟느냐 보라 입으로는 通俗이니 便利이
니하면서도 써 다죽어 송장어된漢字習의 歷史的字習의
가는것을各新聞雜誌들이 다루어가며 지키는체하는것은
무슨理由이냐 우리가 이것을固執하여서 무슨利益을볼
것이냐 이것을 써漢字와는 그다지因緣이업
는 小學兒童들과 農村兄弟들에게 기어코强制하여서
便利함일은무엇이냐 우리가 만일지음普通쓰는 經字法
또改良綴字法이라도 어렵고不合하다면 이것을 쉬도록
合理化하도록 고처야할것이고 永久한將來와 時急한現
在에對하여 가질標準과方便이잇서相當할것이아니냐 아무
計劃도업시 그러멋대로 通俗, 便利만 부르짓는것가티
危險한것이업고 無識한말슴업슬안다.
러럼 文字란 배호기쉽고 읽기쉽고 우에도말合한것
的인文字라야 理想文字가되는것이오 어느한가지만의長
處를가젓다고 完全한文字가되지못하는것은 쉬日本가나
와, 漢字와 英字에비추어서 넉넉이알수잇는일이다.
그리고설혹 우리가 글을理想的으로 整理한다 할지라
도 術語와 日用語가 民衆化하지못한다면 글의理想的整

理럭하고는것은 아무意味업는일일슬안다 文化의民衆的
放음글의民衆化보다도 말의民衆化가 머욱緊切한것이다
그러나 오늘날처럼 各新聞과雜誌들이 自己標準만으로
漢文熟語를 만히쓰고 또는日文的漢文熟語를 작고만들
어써서든참으로 困難할슬안다 우리가 만일이터하여서
마지안는다면 그結果는果然엇지되겟느냐 다만이왕언
漢字로써封鎖이된文化가 지금은 難語와 新製熟語로써머
신封된일이다 지음은그의例를 一一히들어말슴할 餘
裕도업스닛가 後日로미루는바어니와 어文字의整理問題
와말의民衆化問題는글에關係를가지고잇는 社會諸賢의
집히생각할問題일슬안다.

우리는 果然幸福이다 남들이다못가진 이訓民正音과
가튼 眞寶를 眞寶로가지엇스니 얼마나幸福이냐 그러나 우리는
이寶貝를 眞寶로가지지못하고 거기다 퇴헌집을써엇다
이것은 우리가 先祖에對하여 未安할뿐아니다 우리將來
되不幸이될것이닛가 우리는 이不幸을 不幸대로두지말
고 韓鵲係裔의새기름을 치어보자 그것이부집을自慢에
헛배만불리지말고 이眞寶를 다시完全한眞寶로 만드는
것이 우리들의 참된幸福이될것이오 또참되자땅도될것

이다.

x x

x x

x x

것은 아니지만 이보다 더한층 긴급한 문제는 우리들의 무식으로 말미암아 생긴 철자법의 통일문제와 술어와 일용어의 민중화이다. 우리의 전도를 개척하여 최후의 승리를 이룰 유일한 무기는 이 글이 있을 뿐이다. 그러나 녹이 슬고 날이 무디게 된 무기로서야 무슨 승리를 쟁취할 수 있을 것인가. 우리 사회에서도 교육의 필요와 문맹타파라는 소리가 높은지는 이미 오래되었지만 그의 근본 문제인 글 정리 문제에 대해서는 아직도 감감하여 아무 소식이 없을뿐더러 간혹 정리의 필요를 말하는 자 있더라도 '여보, 무슨 느러진 팔자라고 말라고 경마잡히겠소, 급한 놈이 아무렇게라도 아는 게 제일이지' 한다. 아무리 급하기로 말을 거꾸로 타는 법은 없는 것이다. 급하기 때문에 어떻게 하면 노력과 시간을 덜 들여가지고 짧은 시간에 많은 이익을 얻도록 정리하자는 것이 아니겠는가. 보라. 입으로는 통속이니 편리니 하면서도 저 다 죽어 송장이 된 한자음의 역사적 자음 같은 것은 각 신문 잡지들이 다투어가며 지키는 체하는 것은 무슨 이유인가. 우리가 이것을 고집하여서 무슨 이익을 볼 것이며 우리가 이것을 저 한자와 그다지 인연이 없는 소학아동들과 농촌형제들에게 기어코 강제하여 편리할 일은 무엇인가. 우리가 만일 지금 보통 쓰는 철자법 또 개량철자법이라도 어렵고 불합하다면 이것을 쉽도록 합리화하도록 고쳐야할 것이고 영구한 장래와 시급한 현재에 대하여 가질 표준과 방편이 있어야 할 것이 아니겠는가. 아무 계획도 없이 그저 덧대고 통속, 편리만 부르짖는 것 같이 위험한 것이 없고 무식한 말이 없을 줄 안다. 위에도 말한 것처럼 문자란 배우기 쉽고 읽기 쉽고 인쇄하기 쉽고 또 합리적인 문자라야 이상(理想) 문자가 되는 것이요, 어느 한가지만의 장점을 가졌다고 완전한 문자가 되지 못하는 것은 저 일본 가나와 한자와 영자(英字)에서 비추어 넉넉히 알 수 있는 일이다.

그리고 설혹 우리가 글을 이상적으로 정리한다 할지라도 술어와 일용어가 민중화하지 못한다면 글의 이상적 정리라 하는 것은 아무 의미 없는 일일 줄 안다. 문화의 민중적 개방은 글의 민중화보다도 말의 민중화가 더욱 급한 것이다. 그러나 오늘날처럼 각 신문과 잡지들이 자기 표준만으로 한문숙어를 많이 쓰고 또는 일문적(日文的) 숙어를 자꾸 만들어내는 것은 참으로 곤란한 일이다. 우리가 만일 계속 이렇게 한다면 그 결과는 과연 어찌되겠는가. 다만 한자를 봉쇄하면 문화가 지금은 난어(難語)와 신제숙어(新製熟語)로써 대신할 뿐일 것이다. 지금은 그의 예를 일일이 들어 말씀할 여유도 없으니까 후일로 미루는 바이어니와 이 문자의 정리문제와 말의 민중화 문제는 글에 관계를 가지고 있는 사회의 여러 현자들이 깊이 생각할 문제일 줄 안다.

우리는 행복하다. 남들이 다 못 가진 이 훈민정음과 같은 중한 보물을 가졌으니 얼마나 행복인가. 그러나 우리는 이 귀중한 보물을 귀중한 보물로 가지지 못하고 거기다 큰 흠집을 내었다. 이것은 우리가 선성(先聖)에 대하여 미안할 뿐 아니라 우리 장래의 불행이 되로 것이니까 우리는 이 불행을 불행대로 두지 말고 전화위복의 새 기틀을 지어보자. 그것은 부질없는 자만에 헛배만 불리지 말고 이 귀중한 보물을 다시 완전한 귀중한 보물로 만드는 것이 우리들의 참된 행복이 될 것이오, 또 참된 자랑도 될 것이다.

넷말은 내버릴 것인가

1929년 1월 ■ 『신생』1) 제1호 ■ 권덕규2)

1. 배우기 쉬운 우리글

조선 글은 대단히 편하게 된 글이다. 조선 사람이 아주 옛적부터 슬기가 열리어 모든 것을 다 마련해낼 때에 말도 무던히 많이 만들어 썼다. 가깝게 보이는 풀 나무로부터 멀리 하늘과 깊은 생각의 것까지 어느 말을 만들지 않은 것 없이 모두 만들어 썼다. 그리하노라니 음도 자연 넉넉하였고 말도 하여 못 그릴 것이 없었다. 이렇게 못 그릴 것이 없는 넉넉한 소리에 들어맞는 글이 예전에는 있었는데 지금 우리가 쓰는 글 곧 정음이 이것이다. 정음이 이러한 소리 이러한 말에 들어맞게 만든 글이기 때문에 아무리 둔한 자라 해도 하루 아침만 가갸거겨 하면 이를 깨치는 것이다. 이렇게 쉽기 때문에 조선 사람은 조선 글 곧 제 글에 대한 정성이 적다. 정성이 적을 뿐 아니라 조선 글에 대하여는

---

1) 『신생』(新生, 1928년 10월~1934년 1월). 편집자 겸 발행인은 김소, 주간은 유형기였으며, 신생사에서 간행한 월간교양잡지이다. 제2호부터 발행 겸 편집인·주간을 모두 유형기가 맡으면서 이윤재, 이은상, 이태준 등이 편집을 맡았다. 특히 유형기는 동경 아오야마학원(靑山學院) 신학과를 마치고 보스턴대학과 하버드대학 등에서 종교철학을 전공한 후 '종교적으로, 인격적으로, 학술적으로 신생함이 있어야 하겠다는 확신'을 가지고 만든 잡지이기에 그의 영향력이 강한 잡지였다. 그래서 종교·철학·문학·예술·교육·역사 등 각 분야에 무게 있는 글을 실어 많은 지식인들의 공감을 만들어낸 바 있다.

2) 권덕규(權悳奎, 1890년~1950년). 경기도 김포 출신의 국어학자로 호는 애류(崖溜). 주시경의 뒤를 잇는 학자들 중 한 사람으로서 1921년 12월 3일 조선어연구회(朝鮮語硏究會) 창립에 동참하였다. 그 뒤 조선어학회에서 주관한 『조선어큰사전』 편찬에 참여하였고 1932년 12월 <한글맞춤법통일안>의 원안을 작성하였다. 『한글』에 「정음(正音) 이전의 조선글」을 비롯하여 신문·잡지 등에 수많은 논문과 평문 등을 발표하며 왕성한 활동을 하였다. 『조선어문경위 朝鮮語文經緯』, 『조선유기 朝鮮留記』, 『을지문덕 (乙支文德)』 등의 저술을 남겼다.

녯말은내버릴것인가

權悳奎

一、배우기쉬운우리글

조선글은 대단히 편리한 글이다. 조선 사람은 아주 넉넉잡아서 늙은이가 열흘이 면 다 배우고 어린애가 날 때에 몇 달이 못가서 넉넉히 다 배운다. 모든 글이 이러한 소리 이러 한 맘에 들이맞게 맨들어 쓰는 글이 아니라 무 디 세패 기라도 하루에 가까스로 맨들 만하면 다 배우고 어린애가 몇 달이 못가서 다 배운 다. 깊이 생각의 겻까지 들지 않은 것임은 넉 넉히 짐작게 보이는 물 나무로부터 밀이 돌아 왔었다. 강강게 보이는 물 나무로부터 밀이 돌 이것이라 하루라도 참만 가까스가 때문에 조 선 사람은 넉넉히 쉽기 때문에 조선 사람은 이름게 깨치는 것이다. 이렇게 쉽기 때문에 조 선사람은 조선글 곳 제글에 대한 精誠이 적고 精誠이 적은 조선글이라 그렇게 대한 無識까 지 가지게 된다. 곳곳에 이것이 넉넉히 들어 맞는지 지금 우리가 쓰는 글이 넉넉히 자연 넉넉하다고 말도 하는구나.

딱한 일이냐. 이것이 祖上의 애명 글명 모 아 천량을 난봉자식이 어려움 없이 짓두를 便益을 주고저 서울대로 섞기 맨든 글이 世上이 다 좋다구 하는 글이 賭得 아니요 아야 子孫萬代의 가장 便益을 주고저 섞기 맨든 글이 世上이 다 좋다구 하는 글이 賭得

二、조선말은녯말이드물다

내가 學校에서 所謂 先生이란 노릇을 한지 벌서 十餘年이나 다른 先生노릇도 아니요 말 先生 노릇만 하였다. 조선말 先生이다.

그리하면 學生은 그리 생각하기 쉽게 나는 웃음게 피는다 學生의 앎에 내가 問題요 재미 있는 것이라 이것은 當然이 말하노라. 甚한 일은 무거나 다른 先生노릇이 아니요말 先生노릇도 아니요말 先生노릇도 아니요말 先生노릇도 아니요말 先生이다.

그런데 너나 조선말을 배우는 것이냐. 어버이로부터 말을 배우고 周圍의 여러사람으로서 天性과 같이 들어배워서 차차 마음에 박여 내게 天性과 같이 들어배워서 차차 그것이 곳 제나라의 곳 國語의 組織系統을 밝히 연구잡잔하여 어떠한 고동(動機)을 말 組織 系統을 이글임이 어떠한가. 첫재는 저 希臘이나 印度의 古代의 文學을 研究하야 글 법의 外國말과

77

글에 대한 무식까지 가지게 된다. 곧 무엇인고 하니 겨우 가갸거겨 하고 소리나 버무려 말하고 소리를 읽을 줄 알면 이것으로써 글을 안다 하며 글을 한다고 한다. 그래서 아주 쉬운 '돌아 온다'는 말 하나를 쓸 적에도 '가서 돌쳐온다'는 뜻도 생각해볼 나위가 없이 '돌아 온다' 쓰지 않고 '도라 온다' 이렇게 소리만 적는 것이다. 이런 것은 '도라온다'가 무슨 말인지 모르는 한 소리를 적을 뿐이요, 말은 아니다. 이렇게 하면서 글을 안다 하고 글을 한다 하니 얼마나 딱한 일인가. 이것이 조상이 애명글명 모아놓은 천량을 난봉자식이 어려움 없이 짓두드려 내버리는 것과 무엇이 다른가. 아아, 자손만대의 가장 편익을 주고 저 쉬운대로 쉽게 만들어 놓은 글이 세상이 다 좋다고 하는 글이 쉽기 때문에, 남들도 아니요 글 임자에게 천대를 받는구나.

2. 조선말은 옛말이 드물다.

내가 학교에서 소위 선생이란 노릇을 한지 벌써 10여년이다. 다른 선생 노릇도 아니요, 말 선생, 더구나 권위 없는 조선말 선생이다. 앞 절에도 말한 바와 같이 나는 생각하고 애써 "이것은 알아둘 문제요, 재미있는 것"이라 하여 수업시간에 학생의 앞에 내어놓는다. 그리하면 학생은 그리 생각하기는커녕 쉽고 우습게 '피-' 하는 태도로 이에 응한다. 심한 일은 제가 모르는 말 같은 것이 나오면 생각하고 조사해 보려는 코치도 보이지 않고 그 자리에서 한 말로써 '그것은 없어요' 하고 단안을 내린다. 참 기가 막힌다. 벌써 학생도 글을 알고 글을 한다는 패인 까닭이다. 이리하기 때문에 차차 조선말을 아끼노라 하며 조선말을 조선 글을 우습게 여기는 버릇이 앉아 지금과 연락이 있는 옛말 좋아 쓸데 없다 한다. 물론 옛말을 지금 쓰자는 것도 아니요, 옛말이 지금에 필

음 찌름을 받아 저법 한글법이 넘어나게 되
고 이러한 일이 글이 있기 前에는 글법이나 辭典
이 넘어나지 못하았다? 요사이 우리 조선에
도 外國말을 배우는 必要가 생기고 넷것을
알려는 생각이 머리를 들었다。 그리하면 조
선에는 古文學이 없으니 넷말을 硏究할 必
要가 없고 넷말을 硏究할 資料도 없다 하리
다。 그러나 조선에도 아주 깨어내지 못한물
법을 받우 잡고 글원(文章)을 세우며 辭典
어보지 못할 文獻(鄉歌 같은 것)이 있고 말
을 硏究하며 글을 硏究하지 않을수 없다。
아무러하던지 말 및 國語)을 硏究하는 그 속에
는 넷말파 外國말이 들어잔거 한쪽으로또끄름
을 주어 이의 發達을 시키고 있는 것이다。
끝으로 한 말을 붙일 것은 말파 글은 배우
는 것이요 語學도 學인 以上은 조선말도 좀
學的으로 硏究하며 쉬움고 웃으운 대에
러보내지 말자는 것이다。

요하다는 것도 아니다. 그러나 옛말이 지금 말과 사이가 아주 뚝 떨어져 상관이 없고 쓸데없는 것이 아니다. 얼른 말하면 말의 뿌리를 알고 말을 바로잡고 말법(法文)을 정하는 데는 옛말이 큰 도움을 줄 뿐 아니라 터전이 되는 것이다. 그런데 조선말에는 옛말이 없다고 주장할 만하다. 따라서 지방말 곧 방언도 없다. 방언인줄 아는 것이 곧 옛말이며 옛말이 곧 지금 말이다. 만일 글법을 바로 잡아 사전을 꾸민다 하면 그리하여 놓고 보면 지방말인 듯한 것이 곧 옛말이며 지금 말인 줄만 아는 것이 죄다 옛말의 그림자여서 지금말도 옛말도 지방말도 아닌 아무 구별이 없어서 그저 보통 쓰는 말이고 만다. 다만 지금 옛말 지방말로 생각되는 것은 말의 조직과 말의 계통을 모르는 까닭. 곧 이 조직과 계통을 밝혀놓은 글법과 사전이 없는 까닭밖에는 없다.

3. 말과 글은 배우는 것이다.

말은 선천적인 것이 아니다. 어버이들로부터 주위의 여러 사람들로서 들어 배워서 차차 마음에 박여 내니 천성과 같이 되고 마는 것이다. 이리하여 한 단위는 한 단위의 말이 있고 한 지방은 한 지방의 말이 있게 된 것이다. 이렇게 한 단위 한 지방에 각기 말이 있게 된 것이 곧 제 나라말 다시 말하면 국어의 기원이다. 이 국어의 조직계통을 밝혀 바로잡아놓은 것이 곧 글법이다. 그러면 이 글법이 어떠한 동기를 말미암아 만들어졌는가. 첫째는 저 희랍이나 인도의 예를 보더라도 고대의 문학을 연구하는 필요도 고대의 말을 연구해야 글 법의 터전이 생기고 또 하나는 외국말을 배우는 제 앞가림으로 제 나라 글법을 생각해내는 실마리를 아는 것이다. 이와 같이 옛말과 외국말의 찌름을 받아 제법 한 글법이 일어나게 되고 이러한 일이 있기 전에는 글법이나 사전이 일어나지 못하였다. 요사이 우리 조선에도 외국말을 배우는 필요가 생기고 옛것을 알려는 생각이 머리를 들었다. 그러하면 조선에는 고문학이 없으니 옛말을 연구할 필요가 없고 옛말을 연구할 자료도 없다 하리라. 그러나 조선에도 아직 캐어내지 못한 풀어보지 못할 문헌(향가 같은 것)이 있고 말법을 바로 잡고 글월(文章)을 세우며 사전을 꾸미는 필요로만 해도 말(옛말로 붙어)을 연구하며 글을 연구하지 않을 수 없다. 어쨌든 말(국어)을 연구하는 그 속에는 옛말과 외국말이 들어잠겨 한쪽으로 찌름을 주어 이의 발달을 시키고 있는 것이다. 끝으로 한 말을 붙일 것은 말과 글은 배우는 것이요, 어학도 학인 이상은 조선말도 좀 학적으로 연구하며 쉽고 우습던 때로 돌려보내지 말자는 것이다.

한글철자(綴字)에 대한 신이론(新異論) 검토(檢討)

1932년 4월 1일 ■ 『동광(東光)』[1] 제32호

조선어 문법은 아직 통일되지 못해서 한글표현에 대한 이론은 분분하고 그 통일될 바를 알지 못한다. 이것은 통일과정 중 하나의 현상으로 불가피한 일이나 우리는 현재 처한 상황에서 진지한 연구로 이 해결을 위해서 최대의 노력을 계속해야 하겠다. 이제 한글에 대한 이론의 중심문제 중 아래 2, 3을 제시하고 이 분야의 연구자들의 엄정한 의견을 구하였으니 이것으로써 한글 통일운동을 촉진시키고자 한다.

1. ㄲ, ㄸ, ㅃ, ㅉ 등 병서(并書)가 불가(不可)하고 된시옷을 부호화(符號化)하여 사용함이 옳다는 설.
2. 'ㆆ'를 받침으로 쓸 수가 없다는 의견.
3. '먹'(食), '믿'(信)을 어근으로 간주할 것이 아니라 '머그', '미드'를 어근으로 간주하고 '먹, 머거', '믿, 미더'를 그 변화로 간주할 것이라는 의견.
4. 기타의 의견.

이에 대하여 박승빈, 김윤경, 이상춘, 백남규, 이극로, 최현배, 조윤제, 김재철, 이규방, 신명균, 권덕규, 김태준, 이윤재, 이희승 등 모두에게 엄정한 비판을 구하였는데 회답을 주신 분만 게재하기로 한다. 이 계통의 선배, 독학자(篤學者) 모두에게 미처 일일이 비판을 구하지 못하였으나 후일이라도 한글에 대하여 많은 의견과 비판을 기고하여 주시기를 바란다. [원고도착순]

---

1) 동광(1926.5~1933.1). 종합월간지이다. 주요한을 편집 발행인으로 하여 창간되었다. 1927년 8월 통권 16호를 발행하고 재정난으로 중단하였다가, 1931년 이광수에 의해 속간되었고, 이 중 3호는 원고 검열로 말미암아 간행되지 못했다. 사회주의 경향의 잡지들에 맞서서 안창호·이광수를 주요 집필진으로 하여 민족주의 이념을 고취하였다. 문인으로는 김동인·김억·주요섭·김동명·김기림 등이 작품을 발표하였다. 광복 후 『새벽』으로 개제하였다.

한글 綴字에 對한 新異論檢討

朝鮮語文法은 아직 統一되지 못하야 한글 表現에 對한 異論은 紛紛하고 그 統一될바를 아지 못한다。이것은 統一 過程의 一 現象으로 不可避한 일이나 우리는 實地에 則한 眞摯한 研究로 이解決을 爲하야 最大의 努力을 繼續하여야 하겠다。이제 한글에 對한 異論의 中心問題中 左記 二三을 提示하고 新界篤學者諸位의 嚴正한 意見을 求하엿으니 이것을 비롯하야 한글 統一運動의 促進을 期하고저 한다。

一、ㄲㄸㅃㅉ等并書가 不可하고 되시옷을 符號化하야 使用함이 可하다는 說。

二、「ㅎ」들 바침으로 쓸수가 없다는 意見。

三、「먹」(食)「믿」(信)을 語根으로 看做할것이아니라「머그」「미드」를 語根으로 看做하고「먹、머거」「믿、미더」들 그 變化로 看做할것이라는 意見。

四、其他의 意見。

右에 대하야 朴勝彬、金允經、李常春、白南奎、李克魯、崔鉉培、趙潤淒、金在喆、李奎昉、申明均、權悳奎、金台俊、李允宰、李熙昇等 諸氏(無順)에게 嚴正한 批判을 求하얏는데 回答을 주신 分만 左에 揭載하기로 한다。新界의 先輩、篤學者諸氏에게 미처 一一이 批判을 求하지 못하엿으나 日後라도 한글에 對하야 많은 意見과 批判을 寄稿하여 주시기를 바라 마지안는다。

〔原稿到着順〕

이미 상식화(常識化)한 것을 왜 또 문제 삼는가 ∥ 김윤경(金允經)[2]

‘한글 연구계에 별기(別記)같은 이론이 대두(擡頭)한다…’ 하여 무슨 중대한 새 문제가 제출된 듯이 취급하여 편집자는 말씀하셨으나 ‘먹’, ‘믿’을 어근으로 하지 말고 ‘머그’, ‘미드’를 어근으로 하자, 또 ‘된시옷’을 쓰자, ‘ㅎ’ 받침은 불가하다 하는 말은 이미 오래전부터 박승빈 씨가 독특히 주창(主唱)하던 바입니다. 그러한데 근자(近者)에 그 분이 더욱 열심히 주창(主唱)하고 선전하며, 이미 한글연구기관으로 조선어학회가 수십 년의 역사를 가지고 있음에도 불구하고 따로 연구회를 창립까지 하게 되어 일반인들에게 알려진 것뿐입니다. 그러한즉 이는 별로 새로운 문제도 아니고 중대한 문제도 아니라고 생각합니다.

이제 필자가 병석에 있는지라 자세한 이론을 적기는 어렵습니다마는 ㄲ, ㄸ, ㅃ, ㅉ들을 ‘ 된시옷’으로 하지 못할 까닭은 된시옷 ‘ㅅ’을 아무리 부호화한다 하여도 그 이름부터가 ‘ㅅ’인만큼 한 음자(音字)로 알게 되기 쉬운 것과 ㄲ, ㄸ 들이 역사적 기법임과 음리(音理)에 합하기 때문입니다. 또 ‘ㅎ’를 받침으로 못한다 함에는 자가모순(自家矛盾)이 있는데, ㅊ, ㅌ, ㅋ, ㅍ들의 받침은 시인하면서 ‘ㅎ’ 받침을 부인함은 밥을 먹으면서 쌀을 부인함과 같은 모순입니다. 또한 무엇보다도 ‘ㅎ’ 받침을 부

---

2) 김윤경(1894~1969). 경기도 광주 출신의 국어학자·교육자이다. 14세 때까지 고향에서 한학을 수학하다가 신학문을 닦기 위해 상경하여 우산학교에 입학하였으나, 그 뒤 의법학교로 전학하여 1910년 고등과를 수료하고 다시 청년학원으로 옮겨 1913년에 졸업했다. 청년학원에서 주시경의 한글(국어학)을 교육받고 크게 감화를 받았다. 1921년 조선어연구회(朝鮮語研究會)와 1922년 수양동맹회(修養同盟會)의 창립회원이 되었다. 1931년 1월부터 『동광』지에 대학졸업논문을 연재하던 중 18회로 휴간, 중단되었다. 그러나 그 후 4년여에 걸쳐 이 원고에 국어학연구의 각종 자료를 더하여 『조선문자급어학사(朝鮮文字及語學史)』를 탈고하였다. 주요 저서로는 『나라말본』·『중등말본』(1948), 『고등 나라말본』·『중등 나라말본』(1957), 『새로 지은 국어학사』(1963) 등이 있다. 자세한 것은 『한결김윤경전집』(연세대학교출판부, 1985) 참조.

이미 常識化한 것을
웨 또 問題 삼 는 가

金 允 經

『한글』研究界에 別記같은 異論이 擡頭한다…… 하여 무슨 重大한 새 問題가 提出되었으나 『먼』을 語根으로 하지말고 『머』를 語根으로 한즉…… 또 『민』을 語根으로 하자는 한자, 또 『딮시옷』을 쓰자, 『ㅎ반침은 不可하다 하는 말은 이 미 오래 前부터 朴勝彬氏가 獨特히 主唱하던 바요다。그러한때 近者에 그분이 더욱 熱心으로 主唱하고 宜傳하며 이미 한글 硏究機關으로 朝鮮語學會가 十數年의 歷史를 가지고 잇음에도 不拘하고 別로 研究會를 組立까지 하게되매 一般에게 알리어진 것입니다。그러한즉 무슨 別로 새로운 問題로 아니고 別로 重大한 問題도 아니라고 생각합니다。

이제 筆者가 病席에 잇는지라 仔細한 理論을 쓰기는 어렵습니다 마는 『딮시옷』으로 하지 못할 까닭은 된시 옷 이라는 것이매 그 이름부터가 『ㅅ』인 만치 한 音字로 알게되기쉬운 것과 그 딮들이 歷史的 記法임과 管理에 合하므로 쉬외다。또 그 딮들을 밧침으로 못하다 함에는 自家 矛盾이 잇음은 ㄷㄷㄷ ㅂ들의 밧침을 是認으로 못하다 함에는 『ㅎ밧침』을 否認함은 矛盾입니다。即『ㅎ밧침』같은 것을 否認하면서 『ㅎ밧침』을 認함은 自家 矛盾이외다。또한 무엇보다도 『ㅎ밧침』을 否認하려면 언저 우리의 日常 會話中에 쓰이는 『먼』마는 ㄷ든밧침들은 『딮시옷』으로 하고 ㄷ든밧침 들이 그이름부터가 『ㅅ』인 만치 한 音字로 알게되기쉬운 것과…… 用으로 하자는 말은 朝鮮語法則을 억지로 日本文法의 段活用法

로 적지 아니하면 아니 되게 되니 어는 朝鮮語의 固有한 法則을 찾아세움이 아니라 一目瞭然하게 들어나는 法則을 안 것이랴고 아니 할수 없읍니다。

이제 精神도 아득하거나와 이미 다 알고 잇는 眞理를 이 보

『알으니를』 『사르니』
『깔으니를』 『다르니』
『맑으니를』 『ㅁ드니』
『끎으니를』 『쩌뜨니』
『없으니를』 『어뜨니』
『젊으니를』 『어뜨니』
『높으니를』 『타뜨니』
『읇으니를』 『요뜨니』
『읋으니를』 『다뜨니』

로 쓰는 것같이
『먹으니를』 『ㄷㄷㄷㄱ』
『믿으니를』 『ㄷㄷㄷ』

模을 規定한다 하면 北音의 사투리를 引證하는 것밖에는 없읍니다。또한 그러케 歷大한 問題도 아니라고 생각합니다。

여 집어 끼우자는 생각에서 나아온것이나 科學(自然科學이나 規範科學을 勿論하고)이라는 것은 自然으로 숨어 存在한 法則을 發見하는 것이요 法則을 粗造하는 것은 아닙니다 또 科學者의 任務도 法則의 發見이지 아닙으로 알읍니다。朝鮮語는 어 떠까지딘나 發見하여야 할 것입니다。그러한즉 朝鮮語에 진 自然性、特性을 發見하여야 할 것인가 가。『머그니를』 『머드라』 『머드고』 『머드가가』 『ㅁ드고』 『ㅁ다가 『믿으니를』 『ㅁ드그』

그『ㅁ드』가 語根이라 할것 같으면 事사람에 무리라고 생각한다。

인하려면 먼저 우리의 일상회화 중에 쓰이는 'ㅎ'종성을 전부 박멸하고 나서 할 말이라고 생각합니다. '먹', '믿'을 '머그', '미드'로 어근으로 하고 '머거', '미더'를 그 활용으로 하자는 말은 조선어법칙을 억지로 일본문법의 단활용법(段活用法)에 맞추자는 생각에서 나온 것이나 과학(자연과학(自然科學)이나 규범과학(規範科學)은 물론하고)이라는 것은 자연에 숨어있는 법칙을 발견하는 것이지 법칙을 창조하는 것은 아니며, 또 과학자의 임무는 법칙의 발견이지 창조는 아닌 줄로 압니다. 조선어는 언제나 조선어 그 개체를 존중해야하며 그 개체가 가진 자연성, 특성을 발견해야 할 것입니다. 그러한즉 조선어에 없는 단활용(段活用)을 억지로 있게 하려 함은 무리라고 생각합니다. '머그', '미드'가 어근이라 할 것 같으면 천 사람에 하나나 만 사람에 하나라도 '머그다', '머그고', '머그다가', '미드다', '미드고', '미드다가'라고 발음하는 이가 있어야 하는데 한 사람이 한 번도 쓰는 이 없으니 어찌 이를 어근이라 하겠습니까. 이 질문에 대한 그의 대답을 들으면 어린아이가 말 배울 때에 혹 그리 되는 것을 인증하며 북청(北靑)의 사투리를 인증하는 것 밖에는 없습니다. 또한 그렇게 어근을 규정한다 하면

　　　'먹으니'를 '머그니'
　　　'믿으니'를 '미드니'
로 적는 것 같이
　　　'삶으니'를 '사ㄻ니'
　　　'넓으니'를 '너랩니'
　　　'긁으니'를 '그ㄺ니'
　　　'꺾으니'를 '꺼ㄲ니'
　　　'없으니'를 '어ㅄ니'

'훑으니'를 '후ㄸ니'

'읊으니'를 '으ㅍ니'

'옳으니'를 '으ㅀ니'

로 적지 아니하면 안 되게 되니 이는 조선어의 고유한 법칙을 찾아 세움이 아니라 일목요연하게 들어나는 법칙을 깨트리는 것이라고 아니 할 수 없습니다.

이제 정신도 아득하거니와 이미 다 알고 잇는 학리(學理)를 이보다 더 말하면 상식에 지나치는 군소리가 되겠기에 그만 붓을 던집니다.

귀 기울일 것 없다 ‖ 보성고보(普成高普) 이규방(李奎昉)[3]

이번 물으신 말씀은 별로 귀를 기울일 것이 없는 이론이라고 생각합니다.

1. ㄲ, ㄸ, ㅃ, ㅉ의 병서(幷書)가 불가하다고 하는 이유는 암만 하여도 이해할 수가 없습니다. 이제는 거의 대중화하여 쓰게 되었으니 쓸데없는 이론은 그만두었으면 좋을 듯합니다.

2. ㅎ를 받침으로 안 쓰면 소위 문법을 부정하는 것이 아닙니까. 가령 같은 형용사를 쓰는데

　　크다, 크고, 크지. 작다, 작고, 작지

　　높다, 높고, 높지. 좁다, 좁고, 좁지

와 같은 것은 이렇게 쓰고, 다만 '좋다'란 말만을

---

3) 이규방. 국어학자이자 고등학교 교사이다. 주시경의 문하생으로 국어문법을 배운 뒤 평양에서 교편을 잡았다. 조선어연구회 조직에 참여하였고, 1926년 보성고등보통학교에서 교편을 잡았다. 주요 저서로는 『신찬조선어법(新撰朝鮮語法)』(1922)이 있다.

조타, 조코, 조치

로 쓴다면 이 무슨 모순입니까.

3. 우리 조선말은 일본말과 같이 동사의 어미활용이 있는 것이 아닙니다. 가령 '부(負)'자(字)를 일본에서는

オハ, オヒ, オフ, オヘ

로 어미가 활용합니다. 그러나 우리말에는 언제든지 '업'이라는 어원이 잇고 그 아래 토가 붙습니다.

업는다, 업엇다, 업겟다, 업고, 업지, 업으니, 업으면, 업어서

와 같이 쓰지 않습니까? 이것을

어브니, 어브면, 어버서

로 쓰면 얼마나 우습겠습니까. 예전에 문법이라는 것을 안중에 두지 않을 적에

(高) 높다, 높고, 노프니

(樹) 남기, 남글

들과 같이 쓴 것을 옳다고 생각하면 큰 오해올시다. 어쨌든지 우리말을 곧 일본어와 같이 어미활용을 주장하여 가지고 '먹는다, 먹고, 머그니, 머거서'로 쓴다는 것은 가히 시대를 역행하는 어불성설(語不成說)이라고 아니 할 수 없습니다.

대답(對答)할 나위도 없다 ‖ 이윤재(李允宰)[3]

뜻밖에 이건 무슨 쓸데없는 수작이야. 당초에 이유에 닿지도 않는 걸 가지고 화제로 하여 이러냐 저러냐고 하는구려. 공연히 아무 소용도 없는 사실을 늘어놓아 잡지의 면수나 채워 가지고 독자들의 호기심을 끌

다 더 말하면 常識에 지나치는 군소리가 되겟기에 그만 붓을 던집니다.

귀기우릴것업다

―― 培成高普　李　奎　昉 ――

어떤 물으신 말슴은 別로 귀를 기우릴것이 업는 異論이라고 생각합니다.

一、ㄱㄷㅂ쌍의 拼音가 不可하다고하는 理由는 암만하여도 理解할수가 업습니다。인제는 거의 大衆化하여 쓰게되엇사오니 쓸데 업는 異論은 그만두엇으면 좋을듯합니다.

二、ㅎ을 받침으로 안쓰면 所謂文法을 否定하는것이 아닙니까。가령 같은 形容詞를 쓰는데 크다、크고、크지。 작다、작고、작지。 놓다、놓고、놓지。 좋다、좋고、좋지。 와같은것은 어러케쓰고、다만「좋다」란말을 조라、조코、조치。 로쓴다면 무슨모순입니까.

三、우리朝鮮말은、日本말파같이 動詞와 語尾活用이 잇는것이 아닙니까。가령「風」字를 日本서는 オ、ォ、オヒ、オフ、オヘ 로活用합니다。그러나 우리말에는、언제든지「업」이라는 語源이 活用하고 그러면 토가 붙슴니다。업다、업것다、업고、업지、업으니、업으면、업어서 와같이 쓰지 않습니까? 이것을

對答할나위도업다

―― 李　允　宰 ――

로 쓰면 얼마나 웃읍겟습니까。때전에 文法이라는 것은 眼中에 두지않음을 取하여
(高) 놓다、놓고、노프니
(椒) 남기、남을
로 우리말을 쓰면다고 생각하면 큰 誤解올습니다。어쨋던 우리말을 곳 日本語와 같이 語尾活用을 主張하여가지고 먹는다、먹고、머그니、머거로 쓴다는 것은 可謂時代逆行의 語不成說이라고 아니 할수업습니다.

밋밖에 이건 무슨 쓸때 업는 수작이야。당초에 理由에 닷지 않는걸 가지고 話題로하여 어렵나 커련나고 하는구려。공연히 아무 소용도 업는 事實과 雜誌의 頁數나 채우려 지고 讀者들의 好奇心을 끌려하는 것이 본대 雜誌業者의 常套임을 알지마는 아마 貴誌에도 原稿가 넘어 모자라는 모양인것 같다。한글을 이왕처럼 아무러케나 그거 되는대로 쓴다면 모르되 規則 잇고 條理잇게 바로잡아 쓰기로 한다면 어린 것이야 아야 이에 겇지도 않을 것이다。떠구나 오늘날은 어떠한 學術이든지 科學的 根據와 言語學的 文法學의 基礎우에서 合理的 整理를 이루고 바야흐로 統一期로 들어가려는 이때에 한글 研究界中에서는、그런한 異論이 잇을리가 업다。설후 잇다 하

려하는 것이 원래 잡지업자의 상투적 행동임을 알지만 아마 귀지(貴誌)에도 원고가 많이 모자라는 모양인 것 같다. 한글을 이왕처럼 아무렇게나 그저 되는 대로 쓴다면 모르지만 규칙 있고 조리 있게 바로잡아 쓰기로 한다면 이런 것이야 입에 걸지도 않을 것이다. 더구나 오늘날은 어떠한 학술이든지 과학적 근거의 논리가 아니면 입론(立論)하지 못함에서야 당연한 것이 아닌가. 또 우리 한글이 이제 와서 언어학적, 문법학적 기초 위에서 합리적 정리를 이루고 바야흐로 통일기에 들어가려는 이때에 한글 연구계 중에서는 그러한 이론이 있을 리가 없다. 설혹 있다 하더라도 그것이야 일부에서 어떤 개인의 독자주장이니 그따위 이론 같은 것이 세간에 대두(擡頭)될 리가 없으리라고 믿는다. 그러므로 이제 여기에 예시함과 같은 따위는 도무지 비판할 가치도 없다. 만일 꼭 그렇게 써야 한다는 이유를 늘어놓을 것 같으면 그것을 축조(逐條)하여 하나씩 들어서 진정으로 정확한 학리적 이론으로 통봉(痛棒)을 내리겠지만 그저 어리뻥뻥하게 이렇게 묻는 데에 대하여서야 무엇을 비판할 것이 있느냐 말이다. 그러나 모처럼 물음에 대하여 아주 쓸어 덮어두기도 어려우므로 대강이라도 몇 마디만 그 불가를 논하고 그치려 한다. 이것을 전체적으로 설명하려면 매우 길어야 하겠지만 지면의 제한

---

4) 이윤재(1888~1943). 경상남도 김해 출생으로 국어학자·사학가·독립운동가이다. 평안북도 영변의 숭덕학교(崇德學校) 교사로 재직 중 3·1운동에 관련되어 평양 감옥에서 3년간 옥고를 치렀다. 1921년 중국에 건너가 북경대학 사학과에서 수업한 뒤 1927년 계명구락부의 조선어사전 편찬위원이 되었고, 민족정신의 보전·계승을 위한 잡지『한빛』을 편집, 발행하였다. 조선어연구회·조선어사전 편찬위원회의 집행위원, 한글맞춤법통일안의 제정위원을 거쳐, 조선어학회의 기관지『한글』의 편집 및 발행 책임을 맡았으며, 1936년 조선어사전편찬위원회의 편찬전임 집필위원이 되었다. 1937년 수양동우회사건(修養同友會事件)에 관련되어 서대문 감옥에서 약 1년 반 옥고를 치른 뒤, 1947년 유고『표준한글사전』(大同女化社, 1953)이 간행되었다. 그밖에『성웅 이순신(聖雄 李舜臣)』(漢城圖書株式會社, 1931),『문예독본(文藝讀本)』(震光社, 1931·1932) 등의 저서가 있다.

도 잇고 또 여기에서 그렇게 할 까닭도 없으므로 다만 간단히 그 요령만 말하기로 한다.

1. 병서법(並書法)은 음(音)이론에 맞고 세종의 훈민정음에도 이미 정하여 둔 것이니 그대로 하는 것이 옳다. ㅅ이 근본 닿소리(자음) 중에 한 자로 되어 있는 즉, 부호로 간주하기 어렵다. 우리글 경음은 병서(並書)면 그만일 것을 가지고 일부러 그렇게 거북하게 부호까지 쓸 아무 이유도 없다. 일본 가명(日本 假名)에는 탁음부호(濁音符號)「ﾞ」을 カサタハ 각 행에 공통하여 쓰는 예가 있지만 문자의 성질이 다른 이상, 굳이 그것을 본받자는 것은 얄미운 것 같다. (된시옷 쓰자 주장하는 자 중에 흔히 이렇게 말하는 이가 있는 고로)

2. 요새 쓰는 글과 같이 최세진의 주장대로 초성, 종성을 8자로 통용하자는 예를 쫓아 쓴다면 모르지만 지금 닿소리(자음)를 받침으로 다 쓰게 된 바에는 하필 'ㅎ' 받침만 빼어둘 까닭이 무엇인가. 어법 정리상 또 조선어의 습관음을 위하여서는 'ㅎ' 받침을 쓰지 않을 수 없을 것이다. 여기에 대하여는 다음에 별론(別論)이 있겠기에 이에 이론은 생략한다.

3. 고대철자는 그렇게 쓰는 수도 있었다. 시대의 진보를 따라 철자법이 차차 발달해감으로 어간과 어미를 구별하여 쓰는 것이 점점 구체화되어 가는데 더 발달하기는커녕 다시 퇴화하여 고대철자로 돌아갈 필요는 없을 것이다. 그리고 순표음식(純表音式)으로 그렇게 쓰면 읽기에 여간 불편하지 않을 것이다. 가령 이렇게 써 놓고 비교하여 보자.

A. 수나마학교에갈시가니느저쓰니소키바블머거라.

B. 그사라믄무어시나소기지아니하니그마를미더라.

a. 수남아학교에갈시간이늦엇으니속히밥을먹어라.

b. 그사람은무엇이나속이지아니하니그말을믿어라.

이 위에 있는 말에 a, b는 A, B에 비하여 단어의 관념이 또렷하게 들어나므로 읽기 쉬운 것이다. 모든 이론은 다 생략한다.

후일(後日)에 엄정비판(嚴正批判) ‖ 이극로(李克魯)[5]

이 문제는 몇 마디 말로 간단히 설명해서 풀 수는 없다. 상당히 긴 논문을 써야 하겠는데 오래지 않아 『한글』잡지에 자세한 또 엄정한 비판이 날 것을 미리 말하고 이제 여기에는 다만 ㅅ을 된소리 부호로 쓴다는 것과 ㅎ를 받침으로 쓸 수가 없다는 것과 '머그(食)', '미드(信)'를 어근으로 본다는 것이 그른 것을 말하여 둔다.

어법상 불합리 ‖ 최현배(崔鉉培)[6]

1. 된시옷을 부호화해서 그대로 전과 같이 쓰자는 것은 옳지 못합니다. 원래 문자는 다 일종의 부호인즉 'ㅅ'도 역시 이미 한 부호입니다.

---

5) 이극로(1893~1978). 경상남도 의령 출신이다. 호는 고루. 국어학자, 정치인. 1920년 중국 상해 동제대학(同濟大學) 예과를 마치고 1927년 독일 베를린대학 철학부를 졸업하였다. 1929년 『조선어사전』(뒷날 조선어학회의 조선말큰사전)편찬 집행위원을 지냈다. 1942년 10월 1일 '조선어학회사건'으로 검거되어 징역 6년을 선고받고 함흥형무소에서 복역하다가 1945년 광복을 맞아 풀려났다. 1946년 건민회(建民會) 위원장을 지냈고, 1948년 4월 '남북 제정당·사회단체 연석회의' 참석차 평양에 갔다가 잔류하여 북한에서 활동하였다. 한편, 1966년 이후 본격화한 북한의 언어규범화운동인 '문화어운동 사업'을 주관하였다.

6) 최현배(1894~1970). 울산 출생이며 국어학자, 국어운동가, 교육자이다. 경성고등보통학교 재학 중인 1910년부터 3년간 주시경의 조선어강습원에서 한글과 문법을 배웠다. 1926년 연희전문 교수가 되고 1938년 흥업구락부(興業俱樂部) 사건으로 강제 사직하였다. 조선어학회 창립에 참여하고 1929년 조선어사전편찬위원회 준비위원이 되었으며, 1933년 '한글맞춤법통일안' 제정 등에 참여하는 등 활발한 활동을 전개하던 중 1942년 이른바 조선어학회사건으로 8·15광복 때까지 3년간 복역하였다. 1954년 연희대학교(현 연세대학교)로 돌아가 교수·문과대학장·부총장 등을 역임하였다. 주요 저서에 『우리말본』, 『글자의 혁명』, 『나라 사랑의 길』 등이 있다.

뜨라모 그것이야 一部에서 어떤 個人의 獨自主張일지니 그따위 異論 같은 것이 世間에 擡頭될리가 없으리라고 믿는다. 그러므로 이제 여가에 例示함과 같은 따위는 도모지 批判할 價値도 없다. 만일 꼭 그러케 써야 한다는 理由를 늘어놓는것 같으면 그것을 逐條하여 하나씩 들어서 眞確한 學理的 理論으로 痛棒을 내리겟지마는 그저 어리벙벙하게 이러케 묻는데 대하여서야 무엇을 批判할 것이 잇느냐말이다. 그러나 모처럼 물음에 대하여 아주 숨어뎌어두기도 어려우므로 대강이라도 몇마디만 그 不可를 論하고 그치려 한다. 이것을 全體的으로 理論하려면 매우 길어야 하겟지마는 紙面의 制限도 잇고 또 여기에서 그러케 할 까닭도 없으므로 다만 간단히 그 要領만 말하기로 한다.

一、並書法은 音理에 맞고 世宗의 訓民正音에 도 이미 정하여 둔 것이니 그대로 하는 것이 옳다. ㅅ이 근본 닿소리(子音)中에 한字로 되어잇은즉 符號로 看做하기 어렵다. 우리글 硬音은 並書면 그만일걸 가지고 일부러 그러케 거북하게 符號까지 쓸 아무 理由도 없다. 日本 假名에는 濁音符號 ゛를 カサタハ 各行에 共通하여 쓰는 例가 잇자마는 文字의 性質이 다른 以上, 구태어 그것을 본받자는 것은 얇미운 것 같다. (된시옷 쓰자 主張하는자 中에 흔히 이러케 말하는이가 잇는고로)

二、요새 쓰는 글과 같이 崔鉉培의 主張대로 初聲 終聲을 八字로 通用하자는 例를 좇아 쓴다면 모르되 지금 닿소리(子音)를 바침으로 다 쓰게 된 바에는 하필 「ㅎ」바침만 빼어놀 까닭이 무엇인가. 語法整理上 또 朝鮮語의 習慣音을 위하여서는 「ㅎ」바침을 쓰지 아니할수 없는 것이다. 여기에 대하여는 다음에 別論이 잇겟기로 이에 理論은 略한다.

三、古代綴字는 그러케 쓰는수도 잇엇다. 時代의 進步를 따라 綴字法이 차차 發達하여가므로 語幹과 語尾를 區別하여 쓰는 것이 漸漸 具體化하여가거늘 더 發達하기는 새로에 도루 退化하여 古代綴字로 되돌아가잘 것은 없을 것이다. 그러고 純表音式으로 그러케 쓰면 읽기에 여간 不便하지 않을 것이다. 가령 이러케 써놓고 比較하여보자.

A、수나마학교에갈시가니느저쓰니소키바불머거라
B、그사라믄무어시나소기지아니하니그마를미더라
a、수남아학교에갈시간이늦엇으니속히밥을먹어라
b、그사람은무엇이나속이지아니하니그말을믿어라

이우에 잇는 말에 ab는 AB에 比하여 單語의 觀念이 또려서 들어나므로 읽기 쉬운 것이다. 모든 理論은 다 略한다.

後日에 嚴正批判

이 問題는 몇 마디 말로 간단히 說明하야 줄 수는 없다. 상당히 긴 論文을 써야 하겟는데 오래지 않아 「한글」잡지에 자세한 또 嚴正한 批判이 날 것을 미리 말하고 이제 여기에는 다만 ㅅ을 된소리 부호로 쓴다는 것과 ㅎ를 바침으로 쓸수가 없다는 것과 머그(食) 미드(信)를 語根으로 본다는 것이 그릇 것을 말하야 둔다.

語法上不合理

崔 鉉 培

一、된시옷을 符號化하야서 그대로 전과 같이 쓰자는 것은 옳지 못합니다. 元來 文字는 다 一種의 符號인즉 「ㅅ」도 亦是

그런데 이것을 다시 별종(別種)의 부호로 쓰자는 것은 한 체계의 문자 자체의 안에다가 한 가지의 문자를 두 가지의 부호로 삼자는 것입니다. 다시 말하면 부호를 이중화하는 것입니다. 만약 부호를 이중화할 것 같으면 여러 가지 불합리한 폐해가 생깁니다.

2. 'ㅎ'도 받침으로 쓸 수가 잇습니다. 이것을 못 쓴다고 하는 사람은 받침이라는 것을 너무 곡해하였기 때문이라고 생각합니다. 그 이론을 자세히 말하려면 장황해 지겠으니 그만 둡니다 마는 ㅎ를 받침으로 안 쓰고는 우리말본을 순탄하게 설명할 수 없습니다.

3. '머그'를 어근으로 보자는 것은 도무지 현대 조선 사람의 어감이 아닌 억지로 위조한 것이라 하겠습니다. 우리의 조선어감으로 본다면 '먹'이 어간(어근이라 함은 불가)이고 '먹어, 먹은'은 그 변화한 형식이라 함이 옳습니다. 물론 아무렇게 '간주'하는 것은 각 개인의 자유겠습니다마는 의견의 자유와 학술의 진리와는 다른 문제라고 생각합니다.

4. '기타의 의견'이야 어떻게 다 한꺼번에 쓸 수가 있습니까. 여기에서는 이만 대답합니다.

연구자(研究者)적 태도(態度)에서 ‖ 김태준(金台俊)[7]

편집자께서 부탁하신 조선어 연구계에 대한 감상을 한글에 대한 귀(貴) 설문(設問)과 아울러 쓰기로 합니다.

---

7) 김태준(1905~1950). 평안북도 운산 출생이며 국문학자이자 사상이다. 1931년 3월 경성제국대학 법문학부 문과를 졸업, 조윤제, 이희승, 김재철 등과 조선어문학회(朝鮮語文學會)를 결성하였다. 저서로는 『조선소설사』(1934), 『조선한문학사』(1931)가 있다. 광복후 장안파 공산당에 대항한 조선공산당 재건준비위원회의 주요 멤버로 활동, 남로당 문교부장으로 있다가 서울 수색(水色)에서 사형되었다.

이미 한 符號이다。그런데 이것을 다시
것은 한 體系의 文字 自體의 안에다가
지의 符號로 삼자는 것이다。다시말하면
이다。만약 符號를 二重化할것같으면
생깁니다。

二、「ㅎ」도 발힘으로 쓸수가 잇습니다。이것을 못 쓴다 고 하
는 사람은 받힘이라는 것을 넘어 曲學한 때문이라 고 생각합
니다。그 理論을 자세히 말하라면 장황해 지겟으니까 그만두
다 마는 ㅎ을 발힘으로 안 쓰고는 우리 말본을 順理하게 說

別種의 符號로 글자는
한가지의 文字를 두가
符號로 삼자는 것
二重化하는 것
不合理한 弊習가

明할 수 없습니다。
三、「머그」를 語根으로 보자는 것은 도모지 現代·朝鮮사람의
語感이 아닌 强作僞造의 說이라 하겟습니까。우리의 朝鮮語感으
로 본다면 「머그」이 語幹(語根)이라 함은 不可이고 「먹으」「먹은」
는 그 變化이 形式이라 함이 옳습니다。勿論 아모리케 「看做」
하든지 그것은 各個人의 自由이겟지요마는 意見의 自由와 學術
의 眞理와는 別問題이라고 생각합니다。
四、「共他의 意見」이야 어떠케 다 한거에 들수가 잇습니까。
위선 이만 대답합니다。
一九三二、三、九

硏究者的態度에서

編輯子 모든 부닥하신 朝鮮語研究界에 對한 感想을 한글에 對한 黃
殷岡과 아울러 쓰기로 합니다。

光武九年(明治卅八年)에 醫學校長 池錫永氏의 疏에 依하야 新
訂國文이 頒布되고 同十一年에는 國文研究所가 設立되어 張憲植、
李能和、女瓚、權輔相、周時經、上村正己、魚允迪、李億、李鍾一等이
重要한 部門의 研究委員이 되어 研究하야 한글 研究가 다른
部門에 比較하야 가장 開拓되고 또 研究의 功績도 매우 많앗
든 것을 讚揚치 아니할수없다。모든것이 沒落 沈滯 停頓의 狀
態에 잇슬적에 다만 이 方面에 적지아니한 進步가 잇엇다는것
은 學界를 爲하야 說賀치 아니할수 없으며 또 先進諸氏의 努力
에 感謝치 아니할수 없다。

偶像처럼 崇拜할까

그러나 나는 先進諸氏를 偶像처럼 崇拜하고 싶지 아니하다。
뛔? 그들—池錫永 周時經氏들은 모다 肉體를 가진 사람의 엇
기 때문이다。그들은 高音萬能한 神이 아니엇고 그들은 다만 우
리보담 조금 몬저 地球上에 存在하엿엇다。그리고 그들은 한글 研究의
「사람」(人格)으로서 朝鮮語研究의 第一期의 發展過程에 잇든 사
람이다。그러므로 그들의 論說과 主張에도 誤謬와 矛盾이 必然
的으로 많을 것이며 따라서 나는 先進의 말한 片言隻句에까지 一
一히 盲從하고 싶지는 아니하다。이것은 先進 池錫永 周時經氏
들의 理論에서만 아니라 訓蒙字會와 訓民正音에까지 遡及하야야 이

광무 9(명치 38, 1905)년에 의학교장 지석영 씨의 소개에 의하여 신정국문(新訂國文)이 반포되고 광무 11(1907)년에는 국문연구소가 설립되어 장헌식, 이능화, 현은, 권보상, 주시경, 상촌정기, 어윤적, 이억, 이종일 등이 중요한 연구위원이 되어 성실하게 연구하여 한글 연구가 다른 부문에 비교하여 가장 개척되고 또 연구의 공적도 매우 많은 것을 찬양치 아니할 수 없다. 모든 것이 몰락, 침체, 정돈의 상태에 있을 적에 다만 이 방면이 적지 아니한 진보가 있었다는 것은 학계를 위하야 축하하지 아니할 수 없으며 또 선진 모든 연구자의 노력에 감사하지 아니할 수 없다.

우상(偶像)처럼 숭배할까

그러나 나는 선진 모든 연구자를 우상처럼 숭배하고 싶지 아니하다. 왜? 그들—지석영, 주시경 씨들은 모두 육체를 가진 사람이었기 때문이다. 그들은 만선만능(萬善萬能)한 신이 아니었고 그들은 다만 우리보다 조금 먼저 지구상에 나타나서 '한글'을 연구한 영장류의 '사람'(인격)으로서 존재하였었다. 그리고 그들은 한글 연구의 초엽—다시 말하면 조선어 연구의 제1기적 발전과정에 있던 사람이다. 그러므로 그들의 논설과 주장에도 오류와 모순이 필연적으로 많을 것이며 따라서 나는 선진의 말한 한마디 한마디까지 일일이 따르고 싶지는 아니하다. 이것은 다만 지석영, 주시경 씨의 이론에서만 아니라 훈몽자회와 훈민정음에까지 소급하여 이렇게 말할 수 있으며, 훈민정음까지도 개량하여 쓰는데 진의가 있을 것이다. 더구나 현대의 어학자의 학설에 이르러서는 어디까지나 자기소신을 굴(屈)하고자 하지 아니하는 마음과 열정만은 크게 감탄하면서도 자기의 잘못된 이론을 일보도 사양하고자 아니하는 속된 학자의 편협한 흉금과 고루(固陋)하고 어리석은 행동에는 머리를 치며 한탄하지 아니할 수 없다. 훈민정음, 훈몽자회, 주시경 등이 현재 한글

연구가들의 이론이 천상에서 내려온 귀한 것이라 할지라도 우리는 비판하여 볼 권리를 가진 것이며 또 그들도 현명하게 자타(自他)의 장점과 단점을 받아들여 더욱더 갈고 닦아서 미비한 것을 완성시켜가는 것이 마땅하다고 믿는다.

신어창제(新語創製)는 무의미

우리의 조선어학계를 한 문외한(門外漢)으로서 밟아볼 적에 즐겨하는 것은 이에 대한 학자와 명사가 뜻밖에 많은 것이다. 그리하여 벌써 조선 사람의 손으로 만들어진 문법서도 30종에 달하게 되었고 어학연구단체도

　　　수표정(水標町) — 조선어학회

　　　계명구락부 — 조선어학연구회

　　　태평통(太平通) — 조선어×××회

　　　재동(齋洞) — 조선어××회

등이 있게 되었다. 그리하여 모두 상당한 포부를 갖고 태도나 주장을 내세우고 있다. 그러나 세상에서 말하기를 소위 명사속학(名士俗學)을 망라하고 연세가 많은 곳은 조선어학회 뿐이고, 다른 것은 청이재(靑二才)들이라고 한다. 그러나 학문은 학문이고, 명사속학(名士俗學)과 연령이란 것이 자랑할 것이 되지 못한다. 그들은 항상 어학을 '말갈'이라 하고 품사를 분류하면 반드시 임씨(명사), 움씨(동사)……라고 하고 홀소리, 닿소리, 씨끝바꿈(어미변화)이라고 말하여 말소리인지 닭소리인지 구별할 수 없게 만든다. 주의는 '잡이'라고 하고 통지(通知)를 '두루알이'라고 한다. 그리하여 신숙어(新熟語)를 창작하여 내는 어른들이다. 그들은 자기네의 잘못된 행동을 변호하기를 훈민정음에는 이러하고 주시경 씨는 이러하

다고 한다. 주시경 씨의 연구공적에 대하야 만강(滿腔)의 찬사와 경의는 표할 것이로되 주(周)씨의 말을 일일이 금과옥조로 믿어야 할 근거가 어디 있을까? 공자 이후에는 절대적으로 공자 같은 사람이 없다면 소크라테스 이후에 어떻게 '아리스토텔레스'의 학문이 있었을까? 우리는 명사나 동사라고 하면 지금 이중교육(일어, 영어를 배운 후에 조선어 문법을 배움)을 받는 아동, 청년은 모두 명사와 동사라는 말은 무슨 개념을 표현하는 단어라는 것을 넉넉히 알 것인데 어째서 '움씨, 임씨'라는 말을 만드는가. 그들은 말하기를 명사와 동사는 조선말이 아니라고 한다. 그러면 '名詞=명사, 動詞=동사'는 어느 나라 말인가. 중국어인가? 아니다 중국어로는 '밍쓰, 둥쓰'라고 할 터이다. 일어인가? 아니다. '메이시, 도-시'라고 할 것이다. 그뿐 아니라 움씨, 임씨, 말갈… 등의 말은 발음이 군색하여 자연도태(自然淘汰)로서 지금에 이른 현재 조선어와는 거리가 멀고 인위적이며, 부자연스러운 느낌을 준다. (나 개인의 억지 감정인지 모르나) 그리하여 나는 항상 이 말갈파(派)들의 고어부용(古語復用), 신어창제(新語創製)의 이유를 듣고 싶다.

백발삼천장(白髮三千丈)[8]식도 우습다

이에 단연 반대하여 분가한 계명구락부[9] 조선어학연구회만은 통쾌하다. 그러나 조선어학회와 조선어학연구회의 이동점(異同點)은 물론 위에 말한 하나에서 만이 아니요, 동광사가 이번에 넓게 물은 4개 의견 — 병서(幷書), 'ㆆ'받침, '먹', '믿'의 어근 여부, 품사분류법 등일 줄로 믿는다.

---

8) 머리가 몹시 세었다는 것을 과장한 말로, ①즉 늙은 몸의 서글픔을 표현한 것 ②근심이나 비탄이 쌓여 가는 모양을 비유한 말.
9) 1918년 서울에서 조직되었던 애국계몽단체.

러하게 말할수 잇으며 訓民正音까지도 改良하야 쓰는데 其義가

잇슬것이요。 더구나 現代의 語學者의 學說에 이르러서는 어디까

지 自己所信을 屈코자 하지 아니하는 벗심과 熱만은 크게 欽

賞하면서도 自己의 邪說曲論을 一步도 사양코저 아니하는 俗學

者의 偏狹한 智識과 固陋한 愚擧에는 一頭棒을 痛打하지 아니

할수 없다。

訓民正音 訓蒙字會 周時經 現今 한글研究家들의 理

論이 天符玉篇라 할지라도 우리는 批判하여볼 權利를 가진것이

며 또 그들도 賢明하게 自他의 長短을 料量하야 切磋琢磨해서

컴컴 未備한 것을 完成시켜가는 것이 마땅하다고 믿는다。

新語 創製 는 無意味

우리의 조선어학계를 한 門外漢으로서 말하볼 적에 슬퍼하는

것은、이에 對한 學者와 名士가 밧게에 많은 것이다。 그리하야

벌서 조선어학界는 朝鮮語學會

語學硏究團體도

水標町―조선어학회

쩨명구락부―조선어학硏究회

太平通―조선어××회

齋洞―조선어××회

等이 잇게되엇다。 그리하야 모다 相當한 抱負를 갖고 族織을

세우고 잇다。 그러나 世上에서 말소리(馬聲)인지 닭소리(鷄聲)인지

고 年讀는 朝鮮語學會

한다。 그러나 學問은 學問이요 名士俗學派 年齡이란 것이 자랑

할것이 되지못한다。

그들은 恒常 語學을 「말갈」이라 하고 品詞를 分類하면 반다

시 임씨(名詞)웅씨(動詞)……라고하고 홀소리(母聲) 닿소리(子聲) 區別할

尾變化)이라고말하는 말소리(馬聲)인지 닭소리(鷄聲)인지 區別할

수 없게 맨든다。 注意는 「참이」라고하고 通知者 「두두살이」라고

한다。 그리하야 新熟語를 創作하여 내는 어른들이다。 그들은 自

學硏究者의 「白髮三千丈式」의 長廣舌이라면 問題될것 없이 問題

己네의 잘못된 行動을 辯護하되 訓民正音에는 이러하고 周時經

氏는 이러하다고한다。 周時經氏의 硏究功績의 對하야 滿腔의 謝

辭와 敬意를 表할 것이로되 周氏의 말을 一一히 金科玉條로 믿

어야할 根據가 어디잇을까？孔子以後에는 絶對的으로 孔子같은 사

람없다면 — 소크라데스以後에 어떠케「아리스토」의 廣汎한 學問

이 되어나올까？우리는 名詞나 動詞라고하면 今後 二派敎育(日

語英語를 배운후에 조선어 文法을 받는 兒童靑年으로 모

다 名詞와 動詞라는 漢語를 배운다。 말은 무슨 槪念을 表現하는

을 넉넉히 알것인데 어째서「웅시」라는 말을 땐다냐。 그러면

「名詞＝動詞」 名詞와 動詞를

그들은 말소리 名詞라고하면 어느나라말이냐고。中國語냐？―아니

다 中語로는「밍쓰 동쓰」라고 할것이다。 日語냐？―아니다 그

러면 조선어냐 그렇지아니라 現用조선

와 말은 發音이、 군색하여 自然淘汰로서 今日에 이를 現用조선

어와는 距離가 멀고 人爲的 不自然한 느낌을 준다。(나 個人의

臆感인지 모르나) 그리하야 나는 恒常 말갈派들의 古語復用、

新語創製의 理由를 듣고 싶다。

白髮三千丈式도可笑

어에 職然反對하야 分家한 啓明俱樂部 朝鮮語學硏究會만은 痛

快하다。 그러나 朝鮮語學會와 朝鮮語學硏究會의 異同點은 勿論하

고 남의 敎仰한바 意見 — 井蛙 「ㅎ」 바침 「머」「믈」의 語根으로서의 看做與否 品詞

分類法等일줄로 믿는다。

그뿐아니라 學者님의 熱誠에는 歎하면서도 「내가三十年硏究를 하

얏다」든 等 或은 「내가 多年硏究한 結果 다시×××職員會議에

提出하야 通過시켜 云云……」의 卑陋한 口調가 없드라도 친신

더 남의 敎仰한바 되엇을 것을……느낌이 잇다。 이는 東洋

그뿐 아니라 학자님의 열성에는 감탄하면서도 '내가 30년 연구를 하였다는 등' 혹은 '내가 다년간 연구한 결과 다시 ×××× 직원회의에 제출하야 통과시켜…'의 비루한 구조가 없더라도 훨씬 더 남의 존경한바 되었을 것을… 하는 느낌이 있다. 이는 동양학 연구자의 '백발삼천장(白髮三千丈)식'의 장광설(長廣舌)10)이라면 문제될 것 없고 문제를 삼는 것이 도리어 비루하다는 비평을 받을 지도 모른다.

하여간 한글운동도 현실에 있어 우리의 사상을 기록하는 통일된 도구를 사용하여야 하겠다는 의미에서 무엇보담도 초미의 급무(急務)에 있는 것인즉 와유(蛙鮪)가 서로 다투고 동지가 서로 해치다가 그조차 아무 해결된 사업이 없이 남의 지붕 아래 모여서 그 정치적 배경 밑에 비로소 개정철자법을 정하였다는 것도 우습다란 수치다.

그러면 우리는 세밀한 학문적 이론은 영원히 그치지 않을 줄을 아는 이상 원제까지든지 억견(臆見)을 고집하지 않고 될수록 현실에 적절한 범위에서 보급시킬 운동을 하지 않으면 안 된다. 그리 하려면 목적의식의 통일을 구하니,

1. 대중적으로 보급되기 쉬워야 할 것.

2. 장래에는 횡서(橫書), 라마(羅馬)자로서의 철자법에 대한 논전이 많이 나리라고 믿지마는 위선 각 방면으로 보아서 편리하여야 할 것.

3. 조선어의 특질 또 조선어 고유한 문법을 전혀 무시하지 않을 것.

등일 것이다.

'먹', '믿'은 찬성

가령 '먹'(食), '믿'(信)이라는 두 자를 예로 들고 볼 적에 만일 조선어

10) ①길고 줄기차게 잘하는 말솜씨 ②너저분하게 오래 지껄이는 말.

의 종성을 전혀 부인한다면 별문제려니와 '초성부용종성(初聲復用終聲)'
이라는 옛말도 있는 것과 같이 초성은 일일이 종성에 쓸 수가 있는 것
이요, 훈민정음에도 종성에 대한 특별한 설명이 없는 이상 초성은 종성
에 대용할 수 있는 것을 알 수 있다. 더구나 '먹', '믿' 2자를 문법적으
로 해부하여 동사의 변화와 활용을 시켜볼 때에도 다른 '우랄 알타이'
계어의 동사와 같이 가장 간단한 법칙으로 설명할 수 있으되 이에 원단
(原段) '머그, 미드'와 변동단(變動段) '머거', '미더'와 같은 고식(姑息)적
용어를 창제하여 이 학문을 더욱 호도(糊塗)11)케, 혼란케 할 이유가 어
디에 있을까? 하물며 '먹', '믿'을 약음(略音)이라고 본 것은 우리의 발음
단계로 보아 '먹', '믿'을 어근으로 하는 것만 같지 못하며 또 문법이
간단하여야 대중교육이나 혹은 문맹계발에도 편할 것인즉 세계에 없는
원단(原段), 변동단(變動段)을 (도리어 문법을 복잡하게만 하면서) 새로 짓
는데 반대하고 '먹', '믿'의 재래(在來)학설에 편을 든다.

'ㆆ'받침은 반대

'ㆆ'받침을 쓰는 데는 나 개인으로서는 반대하고 싶다. ㅇ, ㆆ는 모
두 후음(喉音)이어서 ㅇ는 벌써 종성으로 쓰지 않는 지가 오래고, 'ㆆ'에
있어서도 실제상 발음하는데 나타나지 않으니 'ㆆ'이라는 죽은 받침은
문법상 통제에 합리적이라는 노파심으로서 보면 대단한 잘못은 없으나
활어(活語)실용의 편익과 언어자체의 발전과정에 있는 것을 비추어 보아
'ㆆ'받침은 생략하는 것이 좋겠다.
　예

---

11) 풀을 바른다는 뜻으로, ① 성정이 흐리터분함 ② 근본적인 조처를 하지 않고 일시적으로
　 얼버무려 넘김. 어물쩍하게 넘겨 버림.

그러하게＝그러케(그렇게), 조켓다(좋겠다)

그리하여 ㅋ＝ㄱ＋ㅎ의 식으로써 '케'와 '켓다'를 설명하였으면 되리라고 믿는다.

ㄲ ㄸ ㅃ ㅉ 병서(幷書) 찬성

훈민정음에도 用자의 훈을 '쁘' 혹은 '쓰'로 쓰고 혹은 용비어천가, 월인천강곡, 훈몽자회, 두시언해 제서(諸書)에도 '쁘', '삐' 자가 쓰여 있으니 이때는 아직도 한글 정돈의 초기인 만큼 일정치 않은 듯하며 ㄲ, ㄸ, ㅃ, ㅆ, ㆅ, ㅉ, 는 한자음을 표할 때든지 표치 않을 때든지 하여간에 ㅺ, ㅼ, ㅽ, ㅿ 등의 농경(濃硬)한 음을 표시하는 것인즉 나는 역사상 의미로 보아서도 'ㄲ, ㄸ, ㅉ, ㅃ'의 병서에 찬성한다.

그뿐 아니라 지금까지 쓰든 대로 'ㅺ, ㄸ, ㅿ, ㅽ'대로 쓰는 것이 대중적이라고 하지만 이후 교육능률에 있어서는 병서하는 편이 좋을 듯하며 '악가, 앗가, 압가' 등 렬도 '아까, 아싸, 아빠'로 변하여 모두 '아싸'와 같이 발음한다 하지마는 그러면 수많은 초성 속에서 구태여 'ㅅ'을 택해서 부호화하여 농경(濃硬)음의 표시에 적용할 이유는 어디 있을까―차라리 ㄸ, ㅃ의 병서가 쓰기에 불편하다면 ㄸ, ㅃ와 같은 약자(略字)를 고안하거나 「"」와 같은 신부호를 약정하여 '된시옷'에 대용한다면 별문제려니와 그렇지 않으면 'ㅅ'의 '된시옷' 부호화는 아무 학문적 의미가 없는 동시에 미적으로도 보이지 않는다. '된시옷'이라는 명칭을 가진 이상, 만일 ㅋ, ㅼ, ㅿ, ㅽ,를 쓴다면 그 'ㅅ'은 'S' 음의 초성을 연상케 하여 ㅺ＝sk, ㅼ＝st, ㅽ＝sb로 혼동시하게 될 염려도 있다. 나는 병서를 찬성하고 'ㅅ'의 된시옷 부호화에는 철두철미하게 단연 반대코자 한다.

물 삼는 것이 도리어 早兩하다는 批評을 받을지 모른다.

×

하여간 한글 運動도 現實에 잇어 우리의 思想을 記錄하는 一된 道具를 使用하여야 하겠다는 意味에서 무엇보다도 焦眉의 急務에 잇는 것인즉 同志가 相賀하고 그 뜻 아 아무 解決됨 事業이 없이 남의 장단에 롱여서 그 政治的 背景밑에 바로쇼 改正綴字法을 定하얏다는 것도 우습다란 羞恥 다.

×

그러면 우리는 細密한 學的理論은 永遠히 그치지 아니할줄을 아는 以上 원커저가지던 意見은 固執하지 아니하고 팁수록 現 實에 適切한 範圍에서 普及되지 잇 우리 運動을 하지아니하면 안된다.

그리하라면 目的意識의 統一을 求하여야 할것

1. 大衆의 으로 普及되어 쉬울가 할것

2. 將來에는 橫書、羅馬字로서의 綴字法에 對한 論戰이 많이 나라고 믿지마는 위선 各方面으로 보아서 便利하여야 할 것

3. 조선어의 特質 또 조선語 固有한 文法을 全然 無視하지 아니할것

等일 것이다.

「먹」「믿」은 贊成

가령 「먹」(食) 「믿」(信) 이라는 두字를 例로 들고 불적에 萬一 조선語의 終聲을 全然 否認한다면 初聲에 一히 終聲에 省수가 엇다는 것은, 옛말도 잇는 것과 같이 初聲과 對한 特別한 說明이 없은即 上 初聲은 終聲에 잇는것을 알수잇다. 더구나「먹」「믿」二字를 終聲에 써 文法의 變化와 活用을 시켜 가장 簡單한 「믿」의 幷寫에 贊成한다.

「ㆆ」바침은 反對

「ㆆ」바침을 쓰는때는 나 個人으로서는 反對하고싶다。「ㆆ」 는 모다 喉音이어야 「ㅇ」는 벌서 終聲으로 쓰지않는지가 오 래고 「ㆆ」에 잇어서도 實際上 發音하는데 나타나지 아니하니「ㆆ」 라는 죽은바침은 合理하다는 老婆心으로서 보면 大端한 잘못은 없으나 活語實用의 便金과 官語自體의 發展過程 에 잇는 것을 비쵸어 보아 「ㆆ」바침은 略하는 것이 좋겠다.

例 그따하기=그렇게(그렇게) 조겟다(좋겟다) 그리하야 ㅋ=ㄱ+ㅎ의式이으로 「케」와「켓다」를 說明하얏으면 되리라고 믿는다.

「ㄲㄸㅃㅉ」幷書贊成

訓民正音에 用字의 誚을「쓰」或은「쓰」로 쓰고 龍飛御天歌, 月印千江曲, 訓蒙字會, 杜詩諺解 諸書에도「삐」「쁴」字가 쓰여잇으니 이때는 아죽도 한글 發頌의 初期인만큼 漢語를 一定치 아니한듯하며 ㄲ、ㄸ、ㅃ、ㅆ、ㅉ、는 의 發便을 表할때두 지 表치 아니할때든지 何如間에 ㄷ、ㄴ、써、ㅆ、의 變便한 普 뼈의 幷寫에 贊成한다.

희망조건 세 가지

광만(狂慢)한 말씀을 쓰다가 보니 논조가 제목과는 전혀 다른 방면으로 달아가고 말았다. 어디까지든지 자영자립하여 가여야 할 처지에 있는 우리로서는 어떠한 통일된 목표를 향하여 굳게 제휴, 원조하여 나가지 않으면 안 되겠으며,

1. 연구자는 각각 학자적 흉금(胸襟)을 넓게 하고 초파(超派)적으로 연구하는 기관을 두고 빨리 모든 학문들의 이론을 집중통일하게 할 것.

2. 빨리 어법을 통일하여 대중교화를 목표로 사전편찬, 언론기관, 기타 출판물에 신개정철자법을 사용하게 할 것.

3. 연구방법은 너머 일본문법이나 영국문법이나 어느 편에 기울어지지 말고 그렇다고 고루하게 조선어 속에 항상 조선어를 연구하려고만 하지 말고 세계 각 국어와 비교 연구할 것.

아주 참월(僭越)하고 조망(粗妄)한 말로써 사계대방(斯界大方)의 많은 비난이 있을까 두려워하나 대방(大方)의 비난은 각오하였던 일이었고 필부의 일언도 혹 무슨 충동이 된다면 다행이다.

x

그뿐아니라 在來의 쓰든 대로「ㅅ」,「ㅁ」,「ㅆ」,「ㅼ」대로 쓰는것이 大衆의 이라고 하지만 今後 敎育能率에 엇더케는 커녕 便이 조흘 「못하며「악가、앗가、암가」等 列로「아까、아까、아까」로 變하야 ᄆ다「아ㅅㄱ」와 같이 發音한다 하지마는 그러면 數多한 初學年에서 구태여「ㅅ」를 採하여 符號化하여 濃硬音의 表示에 適用할 理由는 어ᄃ어잇을가ㅡ차라리 ㄷᄇᄑ의 ᅕ音에 不便하여 여 贊成하고「ㅅ」의 된시옷符號化에는 徹頭徹尾로 斷然 反對로 커 한다.

狂慢한 말슴을 쓰다가 보니 論調가 題目과는 全然 다른 方面으로 달아가고 말았다. 어데까지든지 自營自立하여가야할 處地에 잇는 우리로써는 어떠한 統一된 目標를 向하여 굳게 提 携 援助하여 나가자 아니하면 안되것이며

一、研究者는 各各 學者의 胸襟을 털기고 모든 學者들의 理論을 集中統一케 하고 機關을 두고 빨리 超派的으로 研究 합것.

二、빨리 語法을 統一하야 大衆敎化를 目標로 辭典編纂 官論機 其他 出版物에 新改正 綴字法을 使用하야가겟것.

三、研究方法은 너머 日本文法이나 英國文法이나 어느便에 기우러지지 말고 그러타고 孤陋하게 조선語속에 恒席 조선語 만 하지말 고世界 各國語와 比較 研究할

定하야「된시옷」에 代用한다면 略字學的 意味가 없다. 同時에 美的으로도 보이지 않는다.「된시옷」이라는 名稱을 가진 以上、高一ㅅ、ㄴ、ㅅ、ㅆ를 쓴다면 그「ㅅ」는「ㅁ」音의 初聲을 聯想케하야지ㆍ、ㅆ=ㅂ、새=ㅂ로 混同視하게될 念慮도 잇다. 나는 된시옷符號化에는

아주、倦怠하고 粗安한 말로씌 新界大方의 같은 批難이 殺悟하엿든일이엇고 四夫의 一言도 較무슨 衝動이 된다면 多幸이다.

〔二•五•一〕

規定

一、字數는 一千字以內로 하고、될스록 簡單히
一、新綴字法으로 쓰고 말語와 말語가 混同되는데에쓸것.
一、行動을 널게남기고、原稿紙 一面에만 씀것.
一、期限은 每月三十日內로.

種目

一、實話「나의 어굴한事情」
一、批判과反駁(本紙所載記事에 對한 批判、反駁文等)
一、奇聞「우리地方의 珍事錄」
　　　「奇人傳」

一般投稿大募集

최근의 한글운동, 조선문자의 역사적 고찰(18)

1933년 1월 23일 ■ 『동광(東光)』 제40호 ■ 김윤경(金允經)

9. 최근의 한글운동

그러나 한말에 주시경 씨를 중심으로 하고 일어난 한글운동이 아주 소멸되었던 것은 아닙니다. 일체의 집회가 허락되지 않던 시대에는 각 개인으로 연구하여 오던 학자가 적지 않았었습니다. 그러한데 기미년 삼일운동은 조선민족의 여러 가지 숨은 원한과 불평의 폭발이었습니다. 그리하여 총독부 정책도 다소 변화가 일어나게 되었습니다. 즉 합병이래 10년간 써 내려 오던 사내정의총독(寺內正毅總督)의 무단 정책은 재등실(齋藤實) 총독의 '文化政治'로 변하게 되어 헌병제도가 경찰관제도로 변하고 민간신문의 2, 3종이 허가되고 허가제로나마 집회가 용인하게 되었습니다. 이에 따라서 개인적으로 연구함에 불과하던 조선어 연구자들도 신유년(서력 1921)년 12월 3일에 '조선어연구회'(그 뒤 1931년 1월 10일 총회에서 '조선어학회'라 고침)라는 학회를 경성에서 조직하게 되었습니다. (휘문고보에 모여서) 그때에 참가된 이는 15, 6명에 달하였는데 일일이 기억은 나지 않으나 임경재(任璟宰), 최두선(崔斗善), 이승규(李昇圭), 장지영(張志映), 권덕규(權惠奎), 이병기(李秉岐), 이상춘(李常春), 이규방(李奎昉), 박구룡(朴洵龍) 여러 분이 그 중에 들었던 것이 기억됩니다. 이 회의 목적은 '조선어의 정확한 법리(法理)를 연구함'이라 하였고 그 방법으로는 매월 1회(제2토요) 연구회를 열고 필요한 때에는 강연회 강습회를 개최하며 회보를 발행한다 하였습니다.

그러한데 마침 병인년(서력 1926)은 훈민정음이 발포된지 8회갑 즉

最近의 한글運動……◇

朝鮮文字의 歷史的 考察 (一八)

金允經

千九百三十一年 一月十日 總會에서 『朝鮮語學會』라고칭 」라는 學會를 京城에서 組織하게 되엇슴니다.（諺文高普에 모이어서） 그때에 參加된 이는 十五、六名에 達하엿는데 一히 記憶되는 이는 任瑃宰、崔斗善、李昇圭、張志暎、權悳奎、李秉岐、李常春、李奎昉、朴洞龍 諸氏가 그中에、들엇던것이 記憶됨니다. 이 會의 目的은『朝鮮語의 正確한法理를 研究함』이라 하엿고 그 方法으로는 每月 一回（第二土曜）研究會를 열고 必要에 대어는 講演會（講習會를 開催하며 會報를 發行한다 하엿슴.

그런한데 마침 丙寅年（西曆 一九二六）의 訓民正音 發布되지 八回甲 卽 四百八十週年에 當하 」음이 므로 朝鮮語學者들을 中心으로 하여 官民과 言論機關關係者의 多數 人士가 十一月四日（陰曆九月二十九日）밤에 京城 食道園에 모이어 訓民正音 發布 八回甲 紀念式을 盛大히 擧行하엿슴니다. 아마 이것이 正音 紀念으로는 처음이라고 생각되」음니다.

九、最近의 한글運動

그러하나 韓末에 周時經氏를 中心으로 하고 일어난 한글 運動이 아주消滅되엇던 것은 아님니다. 一切의 集會가 許諾되지 않던 時代에도 各 個人으로 研究하여 오던 學者가 쯧지 않앗것음니다. 그런한데 己未年 三一運動은 朝鮮 民族의 여러가지 숨은 怨恨과 不平의 爆發이엇슴니다. 그러하여 總督府政策도 多少 變化가 일어나게 되엇슴니다. 卽 以來 十年間 쓰어 나리어 오든 寺內正毅總督의 武斷 政策은 齋藤實 總督의 『文化政治』으로 變하게 되어 慈惠制度가 警察官 制度로 變하고 民間新聞의 二三種이 許可되고 許可制로 나마 集會가 研究함에 不過하던 朝鮮語 研究者들도 辛酉年（西曆 一九二一）年十二月三日에 『朝鮮語研究會』（그뒤容認하게 되엇슴니다. 이에 따라서 個人的으로 研

480주년에 당하므로 조선어학자들을 중심으로 하여 관민과 언론기관 관계자의 다수 인사가 11월 4일(음력 9월 29일)밤에 경성 식도원(食道園)에 모이어 훈민정음 발포 8회갑 기념식을 성대히 거행하였습니다. 아마 이것이 정음 기념으로는 처음이라고 생각됩니다. 9월 29일에 발포되었다는 것은 역사에 보이지 않으나 9월 중에 발포되었다는 기사가 그달 말일인 29일에 게재된 고로 이날을 매년 기념일로 지키기로 결정하고 '가갸날'이라 이름하였습니다. 그리하고 동아일보, 조선일보 기타 언론기관지에는 일제히 기념의 사설 혹은 한자폐지론 혹은 한글 선전의 기사가 많이 실리게 되었습니다. 또 그날부터 정음에 관한 학자들의 연구도 연재되게 되어 일반의 각성을 촉진하게 함이 적지 않았습니다. 또 6일(11월) 밤에는 중앙기독교청년회에서 기념 강연회도 성대히 열리게 되었습니다.

또 조선일보는 그 뒤 '한글란'을 두어 조선어연구회원들의 신철자법의 문장을 발표하게 하여 일반 민중에게 보급시키기에 노력하였습니다. 이 같이 '한글운동'은 다시 일어나게 되었습니다. 이 운동은 경성에서만 일어난 것이 아니라 각 지방에서도 기념식이며 강연회가 개최되었고 또는 때때로 전문 학자를 초청하여 강습회도 열리게 되었습니다. 그 다음해의 기념일의 선전은 더욱 성황이었습니다. 또한 출판물로서 신철자법의 문체를 실행하기 시작하게 된바 『동광(東光)』 잡지는 그 선구였습니다. 이 잡지는 병인 5월에 창간된 것인데 신철자법을 실행할 뿐 아니라 연구의 발표와 토론의 소개로 한글운동의 한 역군노릇을 한 것입니다. 그 뒤로 『진생(眞生)1)』, 『신생(新生)2)』 같은 잡지들도 이 신철자법

---

1) 진생(1925.9~1930.3). 종교지이다. 기독교청년면려회 조선연합회 발행. 편집 겸 발행인은 안대선(安大善 : 미국인)이다. 통권 제63호로 종간되었다.
2) 신생(1928.10~1934.1). 월간종합교양잡지이다. 발행 겸 편집인은 김소(金炤, Genso, J. F.), 주간은 유형기(柳瀅基)이며, 신생사(新生社)에서 간행하였다.

九月 二十九日에 突布되엇다는 것은 歷史에 보이지 아니하나 九月 中에 頒布되엇다는 記錄가 그달 末日인 二十九日에 揭載된 故로 이 날을 每年 紀念日로 지키기로 決定하고 그날 末日인 「가갸날」이라 命名한 것입니다.

그리하고 또, 東亞日報 其他 言論機關紙에는 一齊히 紀念의 社說 或은 漢字廢止論 或은 한글 宣傳의 記事가 많이 실리게 되엇습니다. 또, 그날 부러 正音에 關한 學者들의 研究도 連載되게 되어 一般에 發醒을 促進하게 함이 퍽지 아니하엿습니다. 또 六日 (十一月) 밤에 中央基督敎靑年會에서 紀念 講演會도 盛大히 열리게 되엇습니다.

또 朝鮮日報는 그뒤 「한글欄」을 두어 朝鮮語 研究會員들의 新綴字法의 文章을 發表하게하야 一般民衆에게 普及 시키기에 努力하엿습니다. 이 같이 「한글」運動은 다시 일어 나게 되엇습니다. 이 運動은 京城에서만 일어난 것이 아니라 各地方에 서도 紀念式이며 講演會가 開催되엇고 또는 때따로 專門 學者를 請하여 講習會도 열리게 되엇습니다. 그 翌年의 紀念日을 더욱 盛行하게 되엇습니다.

또한 出版物로서 新綴字法의 文體를 實行하게 되나 「새빛」雜誌는 그 先驅로 創刊된 것인 데, 이 雜誌는 丙寅 五月에 刊行하야 써도 紀念式이며 講演의 紹介로 한글 研究와 討論의 發表와 한글 運動의 한 役軍 노릇을 한것이입니다. 그뒤로 「眞生」「新生」 같은 雜誌들도 이 新綴字法을 實行하게 되엇습니다. 또한 研究와 實行 宣傳을 目的으로 하는 「한글」이란 雜誌가 丁卯(西曆 一九二七) 二月 創刊되어 約一年間 七八號를 내게 되어 亦是 한글 運動의 한 役軍 노릇을 한 것입니다. 어느 研究家 몇 몇 분이 同人이 되어 申明均 氏 編輯으로 發行한 것입니다. 그 創刊號에는 「訓民正音」 寫眞版을 실어 學界 矢라을 한 것이라고 생각됩니다.

에 紹介하엿습니다. 이「한글」雜誌는 그뒤 (壬申 五月 一日) 다시 「朝鮮語學會」의 機關雜誌(月刊)로 復活하게 되엇습니다. 또 啓明俱樂部 (京城)에서는 同年(丁卯) 六月 부터 朝鮮語辭典 編纂을 시작하게 되엇습니다. 이는 十數年 前에 崔南善氏가 「朝鮮光文會」(古書刊行事業)를 이르키어 經營하던 바에, 周時經, 金科奉, 權悳奎, 李奎榮 諸氏가 「말모이」(辭典)를 編纂하기 시작하엿던 바 啓明俱樂部에서 그 原稿를 받아다가 그것에 土臺하여 다시 繼續하기로 된 것입니다. 그러나 年餘를 繼續하다가 辭典이 나기를 要求함이 懇切한 故로 己巳年 한글 紀念日(己巳 十月 三十一日)에 紀念式이 끝난 뒤에 그 자리에서 社會 各方面 人士의 發起로

朝鮮語辭典編纂會

가 創立되게 되엇습니다. 그리하여 確來 李克魯氏가 中心이 되어 朝鮮語學會는 勿論, 其他 各方面 專門家의 分擔 執筆로 繼續되는 中입니다. 朝鮮語에 關한 外語 辭典은 이미 七十餘年 前에 그 起源을 찾게 됩니다. 即 佛人宣敎師 모데이유氏는 十年間 研究로 西曆 千八百六十年에 韓語文典과 라틴 漢鮮字彙을 著述한바 研究로 西曆 千八百六十年에 韓語文典과 라틴 漢鮮字彙을 著述한바 八百八十一年에, 佛文辭典과 佛韓字典을 出版하엿고 佛人 캐쓰트(Cast) 氏는 西曆千 래韓語 三萬, 漢韓 十萬을 모앗고 佛人 레主敎(巴里에서) 佛人 안主敎는 淸韓佛字典과 佛韓字典을 著述하엿고 英人 宣敎師 언더울氏는 西曆 千八百九十年에 橫濱에서 韓英字典을 出版하엿고 英人 宣敎師 께일 博士는 辭課指南을 짓고 또 西曆 千八百九十七年에 橫濱에서 韓英字典을 出版하엿으며 總

을 실행하게 되었습니다. 또한 연구와 실행 선전을 목적으로 하는 『한글』이란 잡지가 정묘(서력 1927) 2월에 창간되어 약 1년간 7, 8호를 내게 되어 역시 한글운동의 한 역군노릇을 한 것입니다. 이는 연구가 몇몇 분이 동인이 되어 신명균(申明均) 씨 편집으로 발행한 것인데 아마 조선어 연구의 잡지로는 이것이 효시라고 생각됩니다. 그 창간호에는 '훈민정음' 사진판을 실어 학계에 소개하였습니다. 이 『한글』 잡지는 그 뒤 (임신 5월 1일) 다시 '조선어학회'의 기관잡지(월간)로 부활하게 되었습니다. 또 계명구락부(경성)에서는 동년(정묘) 6월부터 조선어사전 편찬을 시작하게 되었습니다. 이는 십수년 전에 최남선(崔南善) 씨가 '조선광문회(朝鮮光文會)[3](고서간행사업)을 일으켜 경영하던 때에 주시경(周時經), 김두봉(金枓奉), 권덕규(權悳奎), 이규영(李奎榮) 여러 분이 『말모이』(사전)를 편찬하기 시작하였던바 계명구락부에서 그 원고를 받아다가 그것에 토대하여 다시 계속하기로 된 것입니다. 그러나 몇 년을 계속하다가 또한 중지되고 말았습니다.

그러나 우리 사회에서 정확한 사전이 나기를 요구함은 간절한 고로 기사년 한글 기념일(기사 10월 31일)에 기념식이 끝난 뒤에 그 자리에서 사회 각 방면 인사의 발기로 '조선어사전편찬회'가 창립되게 되었습니다. 그리하여 근년 이극로(李克魯) 씨가 중심이 되어 '조선어학회'는 물론, 기타 각 방면 전문가의 분담 집필로 편찬이 계속되는 중입니다. 조선어에 관한 외국어 대역의 사전은 이미 70여년전에 그 기원을 찾게 됩니다. 즉 프랑스선교사 포데이유 씨는 10년간 연구로 서력 1860년에

---

3) 조선광문회. 1910년 서울에 설립되었던 한국고전간행단체이다. 최남선(崔南善) 등이 고문헌의 보존과 반포, 고문화의 선양을 목적으로 설립하였다. 1907년 이래 최남선은 출판사업을 통한 민족의 계몽과 국권회복을 목적으로 신문관(新文館)을 창설, 『대한역사』・『대한지지(大韓地誌)』・『외국지지』 등의 도서와 잡지 『소년』을 발간하였다.

督府에서는 大正九年(西曆一九二〇) 三月에 朝鮮語辭典 (日本文綴字)를 出版하얏습니다. 그러하나 조선말로 解釋된 朝鮮語辭典은 아즉까지 나지 못한 것입니다.

또한 敎育界에 對한 한글 運動도 決코 微弱하지 아니 하얏습니다. 朝鮮語學者는 大槪이 私立 學校 敎員들이 엇든 故로 비록 學務당국에서는 아무 改正이 없이 그들은 自己의 研究를 應用하여 敎授하여 온 것이엿고, 한지라도 그들이 自己의 研究는 어를 實行도 하고 巡廻講演 또는 講習으로 宣傳도 하여 온 것입니다. 그리하나 明治四十五年(西曆一九一二)四月에 總督府에서 規定한 綴字法 그 대로 잇기 때문에 不便이 만하습니다. 그리하여 己巳年(西曆一九二九) 二月初에 京城內 中等漢文及 朝鮮語敎員二十六人이 「新編朝鮮語及漢文讀本改編要望件」이란 長書를 總督府編輯課에 提出하고 그改定

이와 강은 各 方面의 한글 運動은 마침내 社會 各 方面의 注意를 이끌게 되어 얼마간外하고 放任하여 오던 總督府에서도 이에 어떠한 決議를 짓지 않으면 아니되게 되엇더니다. 그리하여 昭和 三年(西曆一九二八)九月에 學務局에서는 視學官 玄櫶補課의 田島, 李元主諸氏로 하여금 在來의 普通學校 讀本을 改編하고 現고 그 이 되 다시 京城師範學校 敎師 沈宜麟, 第二高等普通學校 敎師 朴永斌 京城薄松洞普通學校 訓導 朴勝斗, 京城 進明女子高等普通學校 敎師 李世楨氏들을 모아 그 基礎案을 만들게 한後 다시 民間의 權威잇는 見解로 原案을 만들게 하얏습니다. 그리하고 다시 討議하게 하얏습니다. 그리하여 그다음해(昭和四年四月에 採用하기로 編纂委員會를 組織하여 그 原案으로 採用하기로 決議하엿고, 이를 다음과 강이 民間學者를 섯음

그러하여 그다음 해(庚午) 六月 二十八日에는 女子中等學校 朝鮮語敎員會에서도 「女子高等朝鮮語讀本 改編要望件」을 決議하여 市內 中等學校 朝鮮語敎員會의 決議案을 合하여 가치고 다시 學務 當局에 請願한 일이엇습니다.

一九二八年九月 初에 學務局에서는 視學官 玄櫶

宗議委員은 發表하얏습니다.

薛義植

東亞日報 編輯局 次長

雅號 小梧. 開國五百十年一月二十七日生 原籍咸南端川郡波道面. 現住 京城府桂洞三六. 薛泰熙氏의次男.

(學歷) 奧飩공부, 商業공부, 中學, 大學도맛보앗음.

(經歷) 農事도 혓고, 장사도, 혓고 敎員도 혓엇고 러고는 新聞記者生活 十二年間繼續함.

團體關係 (過去)無(現在)無. 愛護多護.

趣味 술. 旅行. 운이없어못하고. 宗敎는 旣成宗敎믈 否認. 조. 現成宗敎도 否認.

現代人名辭典 (15)

한어문전과 라틴 한한자휘(漢韓字彙)를 저술한 바 라틴어 3만, 한어 10만을 모았고 프랑스인 캐쓰트(Cast) 씨는 서력 1881년에 불문한문전(佛文韓文典)과 불한자전(佛韓字典)을 출판하였고 (파리에서) 또 프랑스인 안주교는 청한불자전 '淸韓佛字典'을 저술하였고 프랑스인 권주교는 불한자전(佛韓字典)을 저술하였고 미국인 선교사 언더움 씨는 서력 1890년에 횡빈(일본 요코하마)에서 한영자전(韓英字典)을 출판하였고 캐나다인 선교사 게일 박사는 사과지남(辭課指南)⁴⁾을 짓고 또 서력 1897년에 횡빈에서 한영자전(韓英字典)을 출판하였으며 총독부에서는 대정 9년(서력 1920) 3월에 조선어사전(일본문번역)을 출판하였습니다. 그러나 조선말로 해석된 조선어사전은 아직까지 나오지 못한 것입니다.

또한 교육계에 대한 한글운동도 결코 미약하지 않았습니다. 조선어학자는 대개다 사립학교교원들이었는 고로 비록 학무당국(學務當局)에서는 아무 개정이 없이 무법한 인습적 철법으로 방임하여 두었다 할지라도 그들은 다 자기의 연구를 응용하여 교수하여 온 것입니다. 그리하여 옳다고 본 연구는 이를 실행도 하고 순회강연 또는 강습으로 선전도 하여 온 것입니다. 그러나 교과서는 여전히 명치 45년(서력 1912) 4월에 총독부에서 규정한 철자법 그대로 있기 때문에 불편이 막심하였습니다. 그리하여 기사년(서력 1929) 2월초에 경성내 중등한문급조선어교원회에서 '신편조선어급한문독본개편요망건'이란 장서를 총독부 편집과에 제출하고 그 개정을 교섭하였습니다. 또한 그 다음해(경오) 6월 28일에는 여자중등학교 조선어교원회에서도 '여자고등조선어독본개편요망건'을 결의하여 가지고 시내 중등학교장회의를 통하여 남녀중등학교 조선어교원

---

4) 사과지남. 1893년에 캐나다 출신 선교사인 게일이 지은 한국어 문법서이다. 국어의 활용 어미 264개의 변화를 설명하였다.

田中德太郎（總督府 通譯官）

藤波義貫（右　同）

楢島　至（中央高等普通學校 教員）

鄭烈模（中東學校 教員）

崔鉉培（延禧專門學校 教授）

金尚會（每日申報 編輯局長）

申明均（朝鮮教育協會 理事）

沈宜麟（京城師範學校附屬普通學校 訓導）

改定諺文綴字法概要

（昭和五年二月改正 本文 ゴシックハ 採録ス）

一、總說

一、朝鮮語讀本に採用すべき諺文綴字法は、各學校を通じ之を同一ならしむること。

二、用語は現代の京城語を以て標準とす。

三、諺文字法は純粹の朝鮮語と漢字音とを問はず發音通りに表音するを原則とす。

但し必要に應じ若干の例外を設く。

この委員會にて ゐ 여러번 모이어 討議を 結果 同年（西曆一九二九）六月にや 確定したること になりました。 そしてその翌年（昭和五年、西曆一九三〇）二月に たうたうこの 新綴字法を 發表して その翌 四月より 普通學校 第一學年 敎科書は そのまま 改定して 書き 始めまし たが、 それから 毎日申報 も その つど 漸 まるまで 改定して ゐ なゐ することに 改定して なゐやうに 되엇습니다.

【解說】由來漢字音を歷史的綴字法を採用せし結果、綴字と實際の發音との相異するもの頗る多く、爲に例へば「㐀」・「亭」・「眞」の如き、又は「舡」・「日」・「卦」の如き、其の音同一なるに拘はらず之を「뎡」・「쳥」又は「샹」、「뎡」・「젼」又は「졍」に、「샹」・「샤」は三樣又は三樣に綴らざるべからざりしを、今回の改正に依り「뎡」を「졍」に、「샤」・「샹」は「샤」に、其他何れも皆、純粹朝鮮語と同樣、表音的綴字法に從ふことさせり。

二、各說

一、純粹の朝鮮語と漢字音とを問はず、「ㅏ」は全部之を廢し、左例の甲號の如く「ㅑ」とす書す。

例　甲　　　　　乙

말（馬）

　　　　　　　비

사뭇（四方）

【解說】「ㅏ」と「ㅑ」とは痛り純粹朝鮮語のみならず漢字音に於ても其の數極めて多きものなり、例へば「靑・又は「賣・萬・每・枚」等は、何れも「ㅓ・ㅗ・ㅊ・ㅊ・ㅎ・ㅊ」の如く書くが如し、學習者は一・二な機械的に記憶するの必要な生じ、其の預誦蘯に嚁へ避けるのもあり。因つて前記の如く「ㅏ」に一定することさせる。

一、純粹の朝鮮語と漢字音とを問はず、「ㅑ・ㅕ・ㅛ・ㅠ」の如く區別して書くが如し、其の預誦蘯に嚁へ避けるのもあり。因つて前記の如く「ㅏ」に一定することさせる。

디의차귀조주지に、챠・탸・쳐・뎌・쵸・툐・쥬・쥬 に 샤쳐쇼슈の 샤쳐쇼슈に 發音せらるるものは、表音的表記法に從ひ後者に一定し、左例甲號の如く書す。

例　甲　　　　　乙

질노（等）　　　덜

　　　　　　　　　　적다（適當）　　　역다.

- 556 -

113

회의 결의안을 합하여 가지고 다시 학무당국에 청원한 일이 있습니다.

이와 같은 각 방면의 한글운동은 마침내 사회 각 방면의 주의를 이 끌게 되어 치지도외(置之度外)5)하고 방임하던 총독부에서도 이에 어떠한 귀결을 짓지 않으면 안 되게 되었습니다. 그리하여 소화 3년(서력 1928) 9월초에 학무국에서는 시학관(視學官) 현헌(玄櫶) 편집과의 타시마(田島), 이원규(李元圭) 씨로 하여금 기존의 보통학교 독본을 개정할 기초안을 만들게 하고 그 뒤 다시 경성사범학교 교사 심의린(沈宜麟) 제이고등보통학교 교사 박영빈(朴永斌) 경성수송동보통학교 훈도(訓導) 박승두(朴勝斗), 경성진명여자고등보통학교 교사 이세정(李世楨) 씨를 모아 그 기초안에 대한 의견을 들어 그 의견대로 원안을 만들게 하였습니다. 그리하고 다시 민간의 권위 있는 학자들을 모아 심의위원회를 조직하여 그 원안을 다시 토의하게 하고 그 결의대로 채용하기로 하였습니다. 그리하여 그 다음해(소화4년 서력 1929) 5월 22일에 다음과 같이 민간학자를 섞은 심의위원을 발표하였습니다.

니시무라(西村眞太郎) (총독부 통역관)

장지영(張志暎) (조선일보사 지방부장)

이완응(李完應) (조선어연구회장)

이세정(李世楨) (진명여자고등보통학교 교원)

오구라(小倉進平) (경성제국대학 교수)

다카하시(高橋亨) (경성제국대학 교수)

다나카(田中德太郎) (총독부 통역관)

후지나미(藤波義貫) (총독부 통역관)

---

5) 내버려 두고 상대(相對)하지 않음.

권덕규(權悳奎) (중앙고등보통학교 교원)

정렬모(鄭烈模) (중동학교 교원)

최현배(崔鉉培) (연희전문학교 교수)

김상회(金尙會) (매일신보 편집국장)

신명균(申明均) (조선교육협회 이사)

심의린(沈宜麟) (경성사범학교부속보통학교 훈도)

이 위원회에서는 여러 번 모여 토의한 결과 같은 해(서력 1929) 6월에야 확정하게 되었습니다. 그리하여 그 이듬해(소화 5년, 서력 1930) 2월에 다음과 같이 신철자법을 발표하여 그 해 4월부터 보통학교 제1학년 교과서를 그대로 개정하여 쓰기 시작하였습니다. 그리고 그 다음 해마다 한 학년씩 개정하여 나아가기로 되었습니다.

한글 맞춤법 통일안의 문화사적 의의

1933년 12월 ▪ 『신동아』[1] 제3권 12호 ▪ 김선기[2]

조선어학회에서는 이 제487회 한글날을 기하여 한글 맞춤법 통일안을 일반 사회에 반포하였다. 이 통일안이 반포되기까지에는 여러 가지 우여곡절을 거쳐 3년이라는 세월에 전후 백 수십 회의 회의를 지난 것이다.

편집자가 부탁하기는 이 통일안 작성의 경로를 쓰라 하였으나 이는 이미 신문지상으로 발표되었으므로 나는 여기에 이 통일안의 문화사적 의의를 생각해 보려고 한다.

조선의 전문화사상에서 대서특필할 것이 있다면 이것은 의심 없이 국초의 조선문자(한글)의 창제라고 말할 밖에 없다.

물론 삼국시대의 화려한 문화가 조선 문화사의 빛난 사실임에는 의심이 없다. 신채(神彩)를 발하는 강서고분의 벽화 정신, 경주 석굴암의

---

1) 신동아(1931.10~). 1931년 동아일보사에서 발행한 월간종합잡지이다. 편집자 겸 발행인은 양원모, 주간은 주요섭이다. 이후로 조선에는 '신문잡지시대'가 열리게 된다. 정치·경제·사회·학술·문예·과학·운동·연예·취미 등 다양한 방면에 관한 내용들이 지면을 장식하여 인기가 많았다. 1936년 9월 1일 이른바 '일장기말소사건'으로 폐간되었다가 1964년 8월에 복간되어 오늘에 이르고 있다. 국내 종합지로는 최장의 기록이다.

2) 김선기(1907~1992). 언어학자이다. 1930년에 조선어학회 회원이 되었고 1931년에는 학회의 사전편찬원, 1932년 추가로 뽑은 한글맞춤법통일안 위원으로 활동하였다. 1933년 「한글맞춤법통일안」이 완성될 때까지 위원으로 참가했다. 1937년 영국 런던대학에서 음성학을 전공하여 문학석사 학위를 받고 귀국하여 1938년 연희전문학교 전임강사로 취임하고 1940년에 교수가 되었다. 1942년 조선어학회사건으로 함흥형무소에 투옥, 1943년 기소유예로 출감했다. 이후로 교직에 계속 몸담았고 정치 활동도 했다. 1948년부터 1970년까지는 한글학회 이사를 역임하였으며, 1965년부터는 세종대왕기념사업회 이사를 지냈다. 한편, 1956년에는 한국언어학회를 창립하고 초대회장이 되기도 했다.

∭ 한글 마춤법 統一案의 文化史的意義

∭ 金 善 琪 ∭

朝鮮語學會에서는 그 第四百八十七回 한 글날을 期하야 한글 마춤법 統一案을 一 般社會에 發布 하였다。이 統一案이 發 布 되기까지에는 여러가지 迂餘曲折을 거처 三年이라는 歲月에 朝後百數十回의 合議를 걸지 난 것이다。

編纂者가 부탁하기는 이 統一案作成의 經 緯를 쓰라 하였으나 이는 임의 新聞紙上 으로 發表되었으므로 나는 여기에서 이 統一 案의 全文化史的意義를 생각하여 보려고 한 다면 이것은 疑心없시 國初의 朝鮮文 (한글)의 剏製라고 말할 밖에 없다。 朝鮮의 全文化史上에서 大書特筆할것이 勿論 이다。 燦爛한 文化가

發하든 三國時代의 빛난 江西古墳의 壁畵 精神이며 慶州石窟庵의 佛像 이 모두가 朝 化史의 빛난 華實임에 疑心이 없다。 하거니와 史家들이에 對한 明激한 識論 을 명치면 滿洲族이 왜 地上에서 자최를 감초았는가。史家들이에 對한 明激한 識論 을 버리고 漢家의 말을 올진 까닭에 竟 滿洲語는 死滅하지 아니할수가 없었다 면 滿洲族의 文化는 滿洲語의 死滅 과 同時에 限命을 告하게 되었다。 그러므로 滿洲語의 死滅 기러나 李太白의 詩며 沈雄 高暢한 陶淵明의 淸高한 照遠語와 奔放 한 李太白의 詩며 沈雄 獨造의 批詩가

발 (書記的 言語인 文字까지 包含한 廣意의) 이 다음은 이와같은 뜻으로 쓰것다) 이 없으는 결코 民族 文化는 成立되지못 하는것이다。 아니다 民族 自體의 生命이다。 말은 民族 自體의 生命이다。 라서 어떤 民族의 政治的으로 國 境에 빠저 드러도 萬若 政治的으로 國 死滅치 않었다면 斷定코 그民族은 滅亡하 지 아니할것이다。 이와 反對로 아모리 政 治上으로 有利한 地位에 있을지라도 萬一 제 말을 잊어버린다면 그民族은 西山落日 의 悲哀를 맛볼것이다。

般鑑을 머저 아니하니 저滿洲族의 例를 보라。 漢族은 屈服시키고 天下에 그 威嚴 을 멸치면 滿洲族이 왜 地上에서 자최를 감초았는가。 史家들이에 對한 明激한 識論 을 버리고 漢家의 말을 올진 까닭에 竟 滿洲語는 死滅하지 아니할수가 없었다 면 滿洲族의 文化는 滿洲語의 死滅 과 同時에 限命을 告하게 되었다。 그러므로 滿洲語의 死滅 기러나 李太白의 詩며 沈雄 高暢한 陶淵明의 淸高한 照遠語와 奔放 한 李太白의 詩며 沈雄 獨造의 批詩가

따러서 滿洲族은 그날부터 完全히 漢族 에게 同化되지 아니하였던가 (中略)

말은 決코 一朝一夕에 되는것이 아니요 數萬年동안 천천히 發達되는것이다。 그래서 ×× 를 얻는다고 하여도 文化의 獨自性을 찾기까지에는 이르지 못한다。

먼저 말은에 이러서 말은 모든 民族文化의 下層構造다。 저 獨特한 말은 그 民族의 獨特한 文 로소 그民族 獨特한 文學 神秘로 妙한 宗敎가 그우에자라고 꽃 피어 香臭 를 振動하는 법이다。

萬一 英語가 없었드면 어찌 보스올 의 한을벤이 생겼다면 伊太利語의 이야 하든 말데의 神曲이나 꿰레의 파우스트가 있었을리 있으리오 이것은 오히려 어느나 과 同時에 한을뵉

— 520 —

117

불상 이 모두가 조선민족의 훌륭한 자랑임에 틀림없다.

그러나 이 모든 것 위에 높이 솟아 찬란하게 빛을 발하는 것은 '한 글'이다.

말과 글은 민족 문화의 기초라 특이한 말(書記적 언어인 문자까지 포함한 광의의 말이니 이 다음은 이와같은 뜻으로 쓰겠다.)이 없이는 결코 민족 문화는 성립되지 못하는 것이다. 아니다. 민족 자체가 성립할 수 없다. 그러므로 말은 민족의 생명이다. 따라서 어떤 민족이 아무리 정치적으로 곤경에 빠져 있더라도 만약 그 민족의 말이 사멸하지 않는다면 단정코 그 민족은 멸망하지 않을 것이다. 이와 반대로 아무리 정치상으로 유리한 지위에 있을지라도 만일 제 말을 잊어버린다면 그 민족은 서쪽하늘에 떨어지는 태양과 같은 비애를 맛볼 것이다.

그 본보기는 멀지 않다. 저 만주족의 예를 보라. 한족을 굴복시키고 천하에 그 위엄을 떨치던 만주족이 왜 지상에서 자취를 감추었는가. 사가는 이에 대한 명철한 이론이 있으니, 생각건대 저들은 저들의 말을 버리고 한족의 말을 즐긴 까닭에 필경 만주어는 사멸하지 않을 수가 없었다. 그러므로 만주족의 문화는 만주어의 사멸과 동시에 운명을 고하게 된 것이다.

따라서 만주족은 그날부터 완전히 한족에게 동화되지 않았던가.(중략)

×   ×   ×

말은 결코 하루 아침에 되는 것이 아니요, 수만 년 동안 천천히 발달되는 것이다. 그래서 한 번 제 말을 잊어버리면 비록 ××××××××를 얻는다고 하여도 문화의 독립성을 찾기까지에는 이르지 못한다.

먼저도 말하였거니와 말은 모든 민족 문화의 하층구조다. 어떤 민족이거나 제 독특한 말이 있고야 비로소 그 민족의 독특한 문학, 신비한

中語의 微妙함이 없이야 어찌 생각으랴? 이것
은 한갓 文學의 例를 든것에 지나지 않거
니와 그外의 모든 精神文化도 말과 또한
이뤄게 크고무거운 관게가 있는것이다.

× × ×

그러므로 民族文化에 對한 深切한 自覺
이 잇는 民族일수록 제 말의 發達을 爲
하야 온갖 꾀를 다하는것이다.
그런데 果然 우리도 우리의 말을 아끼
고귀히 여겼던가 아니다. 우리는 우리의 말
을 아끼기는커녕 얼마나 구박과 虐待를 하
였던가 그럼으로 오늘의 슬품을 사지아
니하였는지! 世界 文學가운데 萬一
至尊한 世宗의 恩德이 아니더면 世
界文學의 「王인 한글」도 진자리에서 살아젓
것이나 도로혀 우리는 얼마나 困辱을 하

英明하신 世宗께서는 朝鮮民族의 繼祉를
爲하야 가진 魔物을 물리치시고 온갖에
힘을 쓰시었다. 그리하야 어린 百성의 것을
을 시러펴지 못합을 어여뻐 여겨 한글을 어
들은신지라 마침내 「한글」은 불상하고 어
리석은 사나이와 겨집에 까지 普及이 되었
다. 그러나 이 民族을 領導하던 搢紳의
女는 「한글」쓰기를 오히려 부끄렀다. 勿論李
朝五百年 동안에 한글의 값을 알고 귀히

여긴 선비도 한둘이 아니었지마는 結局全
乞하니 友人이日 子의 志는 良哉라 我
文과 漢文의 混用합이 文家의 軌度를 越
하야 其既者의 譏笑를 未免하리로다 오늘

× × ×

異常히 이들을 불죄에 二友人의 말이 얼
마나 事理에 어그러진 말인지 三尺의 音
子도 문득 깨다틀것이다. 그러나 情形이
십년前만하여도 一般 社會의 이
어무삼하리오 그러나 다음 瞬間에 把握先
生의 對答을 들어보자.

「余 應하야曰 是난 其故有라
一은 語意의 平順흠을 取하야 文字를
詳明하야

三은 我邦 七書諺解의 法을 大略倣則하
야

멜로디, 황홀한 미술, 탁월한 논리, 고유한 철학, 현묘한 종교가 그 위에 자라고 꽃 피어 향기를 진동하는 법이다.

만일 영어가 없었다면 어찌 셰익스피어의 『햄릿』이 생겼으며 이태리어와 독일어가 없었다면 단테의 『신곡』이나 괴테의 『파우스트』가 있었겠는가? 이것은 오히려 먼 태서의 이야기려니와 도연명의 청고한 은일구(隱逸講)와 분방한 이태백의 시며 침웅(沈雄) 독조(獨造)의 두시(杜詩)가 중국어의 미묘(微妙)함이 없이야 어찌 생겼으랴. 이것은 한갓 문학의 예를 든 것에 지나지 않거니와 그 밖의 모든 정신문화도 말과 또한 이렇게 크고 무거운 관계가 있는 것이다.

그러므로 민족문화에 대한 심절(深切)한 자각이 있는 민족일수록 제 말의 발달을 위하여 온갖 꾀를 다 하는 것이다.

그러면 과연 우리도 우리의 말을 아끼고 귀히 여겼던가. 아니다. 우리는 우리의 말을 아끼기는커녕 얼마나 구박과 천대를 하였던가. 그 뭇으로 오늘의 슬픔을 사지 않았는가. 세계 문화가운데 특절(特絶)한 한글이 세상에 나왔을 적에 다른 나라 같으면 온 나라 사람의 환호를 받았을 것이나 도리어 우리는 얼마나 곤욕을 하였던가.

만일 지존한 세종의 은덕이 아니었다면 세계문화의 왕인 한글도 진 자리에서 사라졌을 것이다.

영명(英明)하신 세종께서는 조선민족의 복된 사회를 위하여 가진 마물(魔物)을 물리치시고 그 보급에 힘쓰시었다. 그리하여 어린 백성의 제 뜻을 시러펴지 못함을 어여삐 여겨 한글을 만드신지라 마침내 '한글'은 불쌍하고 어리석은 사나이와 계집에까지 보급되었다. 그러나 이 민족을 영도하던 신사숙녀는 한글 쓰기를 오히려 부끄러워했다. 물론 이조 500년 동안에 한글의 값을 알고 귀히 여긴 선비도 한 둘이 아니었지만 결

하니……]

把溪先生은 實로 先覺한분이라. 四十年前
에 한말의언마는 今月 우리의 생각과갓
흘 뿐아니라 「腦且 我文과科用하기不能
함을 是歎하노니」에 이르러서는 오히려우
리를 채쭉질하야 주는바 크다. 毋論 先生
의 自覺은 世界大勢가 그리하게 한것이라
고 볼것이나 先生의 말은 實로 最近世史
에 發見된 文藝復興的 精神이다.

× × ×

이때에 또한 우리 한힌샘 스승이 갓이
自覺하야 우리의 言文의 使用을 態度로 主
張하시며 敎育年 동안 버려둔 우리말의묵
밧에 손질하시기 시작하엿다. 스승은 不幸
히 일즉이 세상을 떠나시엇으나 생전에 심
히 기우려 우리의말과 글의 科學的 硏
究를 하야 一大整理에 着手하섯으며 一方
普及과 硏究를 促進하얏으니 스승의 事業
은 實로 偉大하얏다. 오늘의 한글은 스승의

스승의 整理를 反對하기로 所業음산
는 사람까지라도 그 影響을 받지않을수
는없거니와 오늘날 한글안이 世上
에 나온것도 실상은 그 러든 한힌생스승
에게서 많이 말인것이다.
앞에서도 말하엿거니와 우리의 偉大한未
來의 文化는 반듯이 이 言文整理의 土臺
우에서 建設될것이다.

이제 그 土臺우에서 統一案이 發表되엇다
이것은 그 內容에 있어 多小間 完美치못한
點이 있다할시라도 그 文化史的 意義는 英
大至重한것이다.
朝鮮 民族이 지금 未來의 偉大한 文化의 再
建設을 爲하야 그 言文을 整理하야 統一
案을 낸것은 참으로 愉快한 일이 아닐수
없다.
二千萬의 朝鮮의 子孫이어—우리는 이러
우에 人類에게 光明을 던저줄 새文化를建
設하야 人類를 福地로 이끌기로 自覺하고
一九三三年을 意味있게 보내자.

국 전체로 보아 한글은 정당한 대접을 받지 못하였다. 왜 제 문화의 기초가 될 문자를 이렇게 배척하였는지 생각할수록 오직 괴이한 생각이 들 뿐이다.

만약 세종께서 한글을 지으시어 우리말을 자유자재하게 적게 된 기회에 모든 문화의 기초를 한글에 두었더라면 우리는 벌써 오래 전에 세계에 자랑할 만한 정신문화를 건설하였을 것이요, 노예적 사대정신의 썩고 더러운 생각의 뿌리조차 빠졌으리라.

×　　　　×　　　　×

그러나 조선 민족에게 서광이 비칠 날은 필경 닥쳐왔다. 조선민족도 자기의 문화적 사명이 절대한 것을 깨달은 것이다. 갑오경장 이후로 문화적 자각의 문예부흥적을 체험하였으니 조선 민족의 위대한 문화를 재건설할 정신적 기초는 여기에 확립된 것이다. 한번 깬 이상 우리는 절대로 전철을 다시 밟지 아니할 것을 굳게 맹세한지도 이미 오래다.

이 문예부흥의 자각운동의 단초를 돌이켜 생각해보자.

파계(杷溪) 유길준 선생이 태서 문명에 깊이 깨달은 바 있어 서유견문을 지어 태서 문명을 소개함으로 조선민족의 각성을 촉성(促成)하고자 한 것이 아마도 이 자각운동의 단초일 것이다.

서유견문의 서를 읽어보면 당시의 일반 사회가 얼마나 몽매하였던가를 엿볼 수가 있다. "서기성(書旣成) 유일(有日)에 우인(友人)에게 시(示)하고 그 평(評)을 걸(乞)하니 우인(友人)이 왈(曰) 자(子)의 지(志)는 양호(良苦)하나 아문(我文)과 한문(漢文)의 혼용(混用)함이 문가(文家)의 궤도(軌度)를 월(越)하야 구안자(具眼者)의 기소(譏笑)를 미면(未免)하리로다" 오늘 앉아서 이 글을 볼 적에 그 친구의 말이 얼마나 사리에 어그러진 말인지 삼척동자도 문득 깨달을 것이다. 그러나 멀리 떨어진 40년 전만 하여도 일반 사회의 정형이 이렇게 우매하였던 것이다. 제 말에 대한 태도가 이러하였을 적에야 그 밖에 일이야 물어 무엇 하리오. 그러나 다음 순간에 파계선생의 대답을 들어보자.

"여(余) 응(應)하야 왈(曰) 시(是)난 기고유(其故有)하니 일(一)은 어의(語義)의 평순(平順)함을 취(取)하야 문자(文字)를 약해(略解)하난 자(者)라도 이지(易知)하기를 위(爲)함이오, 이(二)난 여(余)가 서(書)를 독(讀)함이 소(少)하야 작문(作文)하난 법(法)에 미숙(未熟)한 고(故)로 기사(記寫)의 편이(便易)함을 위(爲)함이오, 삼(三)은 아방(我邦) 칠서언해(七書諺解)의 법(法)을 대략효칙(大略效則)하야 상명(詳明)을 위(爲)함이오. 차(且) 우내(宇內) 만방(萬邦)이 언어(言語)가 수이(殊異)한 고(故)로 문자(文字)가 역종(亦從)하야 부동(不同)하니 개(盖)-언어(言語)와 문자(文字)난 분(分)한 즉(則) 이(二)며 합(合)한즉(則) 일(一)이니 아문(我文)은 즉(卽) 아(我) 선왕조(先王朝)의 창조(刱造)하신 인문(人文)이오. 한자(漢字)난 중국(中國) 통용(通用)하난 자(者)라 여(余)난 유차(猶且) 아문(我文)을 사용(使用)하기 불능(不能)함을 시(是) 겸(慊)하노니 삽중략-○○(澁中略-○○)한 문자(文字) 양륜(洋圇)한 설어(說語)를 작(作)하야 ○실(○實)의 저어(齟齬)함이 유(有)하기로난 창달(暢達)한 동지(洞旨)와 천근(淺近)한 어의(語義)를 풍(馮)하야 진경(眞境)의 상황(狀況)을 무○(務○)함이 가(可)하니……"

파계선생은 실로 선각자다운 분이라 40년 전에 한 말이건만 오늘날 우리의 생각과 같을 뿐 아니라 "유차(猶且) 아문(我文)을 사용(使用)하기 불능(不能)함을 시(是) 겸(慊)하노니"에 이르러서는 오히려 유리를 채찍질하여 주는 바 크다. 물론 선생의 자각은 세계 대세가 그리하게 한 것이라고 볼 것이나 선생의 말은 실로 최근세사에 발견된 문예부흥적 정신이다.

　이때에 또한 우리 한힌샘 스승이 깊이 자각하여 우리 언문의 사용을 극도로 주장하시며 수백년 동안 버려둔 우리말의 묵밭을 손질하시기 시작하였다. 스승은 불행히 일찍이 세상을 여의시었으나 생전에 심혈을 기울여 우리말과 글의 과학적 연구를 하여 일대정리에 착수하셨으니 스승의 사업은 실로 위대하였다. 오늘의 한글을 연구하는 학자 치고 양으로 음으로 스승의 은혜를 받지 아니한 사람은 한 사람도 없을 것이다. 스승의 학리를 반대하기로 소업을 삼는 사람까지라도 그의 영향을 받지 않을 수는 없게 되었다. 오늘날 한글 통일안이 세상에 나온 것도 실상은 그 터는 한힌샘 스승에게서 많이 닦인 것이다.

　앞에서도 말하였거니와 우리의 위대한 미래의 문화는 반드시 이 언문정리의 토대 위에서 건설될 것이다.

　이제 그 토대 위에서 통일안이 발표되었다. 이것은 그 내용에 있어 다소간 완미하지 못한 점이 있다할지라도 그 문화사적 의의는 막대지중한 것이다.

　조선 민족이 지금 미래의 위대한 문화의 재건설을 위하여 그 언문을 정리하여 통일안을 낸 것은 참으로 유쾌한 일이 아닐 수 없다.

　이천만의 조선 자손이여! 우리는 이 터 위에 인류에게 광명을 던져줄 새 문화를 건설하여 인류를 복된 땅으로 이끌기로 자축하고 1933년을 의미있게 보내자.

철자법 통일안에 대한 잡감

1933년 12월 ■ 『학등』1) 제1권 제2호 ■ 주요한2)

철자법 통일안이 금년 한글 기념일에 조선어학회의 손으로 발표된 것은 널리 알려진 일이어니와, 이 '안'의 장래의 나아갈 바는 흥미있는 문제인 동시에 마땅히 흥미를 가져야 할 문제이다. 문필에 종사하는 일이, 인쇄 출판의 관계자, 일반 독서―통틀어 글을 읽는 사람은 누구나 다 염두에 두고 생각할 문제이다. 누구나 다 어느 편으로든지 기치(旗幟)를 명백히 하고 나서야 될 일이다.

×   ×   ×

무엇보다도 먼저 염두에 두어야 할 것은 이번 안이 철자법의 통일안이요, 결코 개정안이 아닌 것이다. 요사이에 소위 신철자법이란 말이 유행되고, 그 말이 부지중에 이번 발표된 통일안에 근사한 것을 지칭하게 되었다. 그러나 이 신철자법이란 명칭은 실로 막연한 말이다. 신철

---

1) 학등(1933.10~1936.3). 한성도서주식회사에서 발행한 문예잡지. 시·소설·수필·전설·야담의 문학작품 및 고전해석·민속학·외국문학·예술·철학·체육·교육, 그리고 군사제도·지리·시사에 이르기까지 광범위한 분야를 대상으로 한 글들을 실었다. 심훈·김억·김기림·장만영·이병기·김태준·유치진·송석하·김진섭·임화·최현배·박영희·오천석·이선근 등이 필진으로 활동하였다. 문화사업의 일환으로 만들어진 이 문예지는 국민계몽적 성격이 강했고, 오늘날의 사보(社報) 기능을 하기도 했다.
2) 주요한(1900~1979). 시인이자 정치가이다. 『창조』 창간호에 「불놀이」 등 3편의 시를 발표했고 1919년 5월 상해로 망명하여 임시정부 기관지 『독립신문』의 기자로 활동했다. 이때 안창호·이광수와 교류한다. 귀국 후 동아일보사와 조선일보사 편집국장을 지냈고, 광복 후 언론계에 진출하여 정치와 경제 부문의 논평을 많이 썼다. 상해 망명 전에 그가 보여준 시세계가 일본 근대시의 영향이 컸다면 망명 이후부터는 전통 지향적 민요시 성향이 두드러진다. 광복 이후가 되면 국회의원을 거쳐 부흥부장관과 상공부장관을 역임하고, 5·16군사정변 이후로는 경제과학심의회 위원, 대한해운공사 사장을 지냈다.

자법이 있을진대, 마땅히 구철자법이 있어야 할 것인데, 과연 금일까지 쓰여진 조선글에 법이란 존칭을 붙여줄 수 있는 철자법이 있었느냐 하면, 그 대답이 어렵다. 세종 당시의 글이라든가 최세진의 받침법이라든가, 최근의 성경(聖經)의 철자 사용까지에는 비록 실제상의 범위 내에서의 논리적 통일은 없을망정, 실용상 고정화한 용법 통일만은 있었으나, 최근의 우리 사회에 나타나는 제반 출판물에 있어서는 가련하게도 모든 법칙을 무시한 채 원시적이고 정돈되지 않은 상태로 역전하여있는 것은 숨기지 못할 사실이었다. 완고한 사람들은 '재래식'에 애착을 가지는 생각이 아직도 많을 것이다. 그것은 단순히 습성에 지배되는 보수적 편견에만 의한 것이 아니요, 일방에는 소위 '재래'식이란 통일된 법칙이 있는 줄로 착오된 인식을 가지고 있는 것에서 기인하는 것이다. '재래식'이란 무엇을 가리키는 것이냐. '용비어천가'식이냐, 최세진식이냐. 그렇지 않으면 '성경'식이냐. 그렇지 않으면 '교과서'식이냐. 사이비 문필가의 엄청난 혼잡식이냐. 요컨대 금번의 안은 개정안도 아니요, 학자(學者)안도 아니요, 이상(理想)안도 아니요, 지금 현재 혼잡함을 구제하려는 통일안이요, 실제안이다. 다시 말하면 이 안을 실용하든가 그렇지 않으면 아무 안도 없이 함부로 쓰든가 두 가지 중에 하나다. 일반 대중은 먼저 이 점을 명료하게 각오해야 할 것이다.

이 안을 발표한 어학회의 회원 당자들이 이 안을 실제로 사용할까 하는 것이 호기심을 끄는 문제이다. 학자의 고집이란 괴이한 것이다. 각 설을 절충하여 만든 통일안이니만큼 제각기 불만이 있을 모양이다. 그러나 원칙적으로 논하자면, 물론 이 안대로 필용하고 비판과 수정은 별도의 문제로 취급해야 할 것이다. 전문가는 다수 견해를 존중하는 의미에서, 문외한은 전문 의견을 존중하는 의미에서 이 안을 존중하고 채

綴字法 [統一案]에 對한 雜感

朱耀翰

綴字法 統一案이 今年 한글 紀念日에 朝鮮語學會의 손으로 發表된것은 널리 알려진 일이어니와、이「案」의 前途 如何는 興味있는 問題인 同時에 마땅히 興味를 가지어야 할 問題다。文藝에 從事하는이、印刷、出版의 關係者、一般 讀書——를들어 글을 읽는 사람은 누구나 다 念頭에두고 생각할 問題다。누구나 어느 편으로든지 旗幟를 明白히 하고 나서야 될 일이다。

◇……◇

무엇보다도 ●먼저 念頭에 두어야할 것은 이번 案이 綴字法의 統一案이요、決코 改正案이 아닌 것이다。요사이에 所謂 新綴字法이란 말이 流行되고、그 말이 不知中에 이번 發表된 統一案에 近似한것을 指稱하게 되었다。그러나 이 新綴字法이란 名辭는 實로 漠然한 말이다。新綴字法이 있을진댄、마땅히 舊綴字法이 있어야

할것인데、과연 今日까지에 씨워오는 조선글에 法이란 舊稱을 붙이어줄수 있는 綴字法이 있었느냐 하면、그 對答이 어렵다。世宗 當時의 글이라든기、惜世珍의 바 칭법이라든가、最近의 理經的 綴字 使用까지에는 비록 實際性의 範圍內씨의 統一은 없을망정、實用上 固定化한 用法 統一만은 있어으나、最近의 우리 社會에 나타나는 諸般 出版物에 있어서는 可憐히도 모 든 法則을 無視한 原始的 未整頓 狀態보 遊離하여있 는것은 숨기지 못할 事實이었다。頑固한 사람들은「在 來式」에 愛着을 가지는 생각이 아직까지도 많은것이 다。그것은 單純히 習性에 支配되는 保守的 偏見에만 依한것이 아니요、一方에는 所謂「在來」式이란 統一 된 法則이 있는줄로 錯誤된 認識을 가지고 있는데서 起因하는 것이다。「在來式」이란 무엇을 가르키는 것이 냐。「龍飛御天歌」式이냐。其他珍式야냐。그렇지 아니하면「敎科書」式이냐、似而非 「諺經」式이냐。그렇지 아니하면

용하여야 할 것이다. 안에 대한 재수정의 의견은 자유롭게 발표할 수 있을 것이다. 이론상의 반박과 실용상의 반역은 명백히 구분해야 될 줄 안다.

×   ×   ×

기독교측에서 특히 성경을 출판하는 성서공회(聖書公會)측에서 어떤 태도를 가질까. 거기 관련된 노인 교준계원(校準係員)들은 '통일안'으로 개종시키기는 거의 절망적이다. 이를 주관하는 간부측이 교준계의 의견을 설복할 능력이 없는 것도 사실이다. 그러나 '성경'이 소위 '역사적 표기법'을 채용하여 금일의 조선어 표기법의 화근을 뿌린 죄를 조금이라도 속량하려고 하면, 누구보다도 먼저 요 다음 개정기에는 성경을 '통일안' 철자법으로 개획할 책임이 있는 것이다. 만일 성서 공회가 이 책무를 소홀히 한다고 하면, 그는 두 번째 조선 문화 발달사상에 죄인이 될 것이다.

文筆家의 엄청난 混雜式이냐。要컨대 今番의 案은 改正案도 아니요, 學者案도 아니요, 理想案도 아니요, 現下의 混亂을 救濟하려는 統一案이요, 實際案이다。다시 말하면, 이 案을 實用하든가 그렇지 아니하면 아무案도 없이 함부로 쓰든가 두가지중에 하나다。一般 大衆은 먼저 이 點을 明瞭히 覺悟하여야 할것이다。

◇……◇

이 案을 發表한 語學會의 會員 當者들이 이 案을 實際로 使用할가 하는것이 好奇心을 끄으는 問題다。學者의 固執이란 怪異異한것이다。各說을 折衷하야 만든 統一案이니만큼 제각기 不滿이 있을 모양이다。그러나 原則으로 論하자면, 물론 이 案대로 實用하고 批判과 修正은 別問題로 取扱해야 할것이다。案이란 版期에는 門外漢은 專門家 意見을 多數見을 尊重하는 意味에서 이 案을 尊重하고 採用하여야 할것이다。

에 對한 再修正의 意見은 自由롭기 發表할수 있을것이다。理論上의 反駁과 實用上의 反逆은 明白히 區分해야 될줄안다。

◇……◇

基督敎側에서、特히 聖經을 出版하는 聖書公會側에서 어떤 態度를 가질가。거기 關聯된 老人 校準係員들을 「統一案」으로 改宗시키기는 거의 絶望이다。主管하는 幹部側은 校準係의 意見을 說服할 能力이 없을것도 實이다。그러나 「聖經」이 彼所謂 「歷史的 表記法」을 採用하야、今日의 朝鮮語 表記法의 禍根을 뿌린 罪를 조금이라도 贖湯하려고 하면、누구보다도 먼저 요다음 改版期에는 聖經을 「統一案」 綴字法으로 改刻할 覺悟가 있는 것이다。萬一 聖書公會가 이 責務를 疏忽히 한다고 하면、그는 두번재 朝鮮 文化 發達史上에 罪人이 될것이다。

언어(言語)에 대(對)한 일고찰(一考察)[1]

■ 1934년 2월 ■ 『카톨릭청년(靑年)』[2] 제2권 11호 ■ 안응열(安應烈)

"새우젓 사시오. 새우젓이오."

식전 아침과 이른 저녁때에 고요한 시골 거리의 적막을 깨트리며 이렇게 외치는 것은 식료품 소행상의 소리다. 이윽고 어떤 집 부엌에서 아침이나 저녁을 준비하던 주부가 일던 쌀을 내던지거나 때든 불을 멈추고 행주치마자락을 잡아 올려 젖은 손을 씻으며 사발을 들고 밖으로 나와서 "새우젓 장수, 새우젓 장수"하고 부른다. 그 집을 벌써 지나친 행상은 부르는 소리에 귀가 번쩍 뜨여서 발길을 돌려 사발 들고 있는 주부에게로 와서 지게 벗어놓고 새우젓통 덮개를 열면서 "얼마치나 드릴까요?"하고 묻는다. 그러나 주부는 묻는 말 대답보다도 먼저 "이 새우젓 맛있나요?" 하고 돌이켜 묻는다. 그러면 장사는 "좋고말고요. 이건 요새 용천에서 새로 잡아서 달고 연하고 빛깔 희고 무엇 더 말할 나위 없습니다."하고 선전식으로 대답한다. 이렇게 한 다음에야 비로소 그러면 얼마치를 사겠다는 것이 정해져서 "좀 많이 주세요."하는 소리를 두어 번 주고받고 한 후에 새우젓장사는 십전내지 몇 십전이라는 금액을 품에 간직하여 가지고 다시 길을 떠나고 주부는 새우젓 그릇을 들

1) 하동호 엮음, 『역대한국문법대계 제3부 제11책 「한글論爭論說集」 下』(박이정, 2008), 569~572.
2) 카톨릭청년(1933.6~1972.11) 카톨릭 서울교구에서 발행한 종합 잡지이다. 프랑스인 원형근(元亨根) 주교를 발행인으로 하여 창간되었다. 창간호에는 원형근 주교의 창간사와 함께 윤형중(尹亨重)의 논문 「성 토마스 철학의 서곡」, 이동구(李東九)의 평론 「카톨릭은 문학을 어떻게 취급할까?」, 정지용(鄭芝溶)의 시 「해협의 오전 2시」, 장서언(張瑞彦)의 시 「차창」, 허보(許保)의 시 「거품」, 이병기(李秉岐)의 시조 「홍도(紅桃)」 등이 실려 있다. 1971년 9월부터 『창조』로 개제(改題)하였다.

言語에 對한 一考察

安應烈

「백하것(白蝦)사시오 백하것이오」

식전아침과 읽은거뒤뜰에 고요한시골거리의적막을깨 트리며 이렇게 외치는것은 식료품소행상의소리다。이 윽고 어떤집부엌에서 조반이나커뒥을 예비하던주부가 일던쌀을내던지거나 때든불을멈추고 행주치마자락을잡 어울려 귀전송을싯으며 바으로나와서「백 하것장사」하고 부른다。그집을 발싯지나 친행상(行商)은 불의소리에 귀가번적떠여서 발길을 돌려 사밥들고있는주부에게로와서 지게벗어놓고 새우 것좋덤개를들면서「얼마치나 드릴가요」하고묻는다。그러 나 주부는 묻는말대답보다 더먼저「이백하것맛있었나요」 하고 돌오겨못는다。그러면 장사는「요구말구요 이건 요새 용원서 새로잡어서 들고 연하고 빛길히고 무

엇떠말할나위없읍니다」하고 친전식으로대답한다 이렇 게한다음에야 비로소 그러면 얼마치를사겠다는것이꼍 정되여「좀만히주서요」하는소리를 두어번 주고받고한 후에 새우것장사는 십전버지옛십전이라는금액을품에간 직하여가지고 다시길을떠나고 주부는 새우것그릇을들 고김이자옥한부엌으로 드려간다。이런장면은 얼마던지 얻어맛볼수있는것이오 또보통으로는 심상히녁이는일이 지만은 신경과민에걸린필자는 이런것을볼때에「말」에 대한면상을금치못한다。

그러면 대체「말」이라는것은 무엇인가?「말」이라 는것은 아마「음성을통하야서되는 관념의표시」라고 정 의(定義)되음즉하다。따라서 언어는 이성을 갓인동물 인인류가홀로가지고있는것이오 사람에게 이성이있다는

고 김이 자욱한 부엌으로 들어간다. 이런 장면은 얼마든지 만날 수 있는 것이요, 또 보통으로는 예사롭게 여기는 일이지만 신경과민에 걸린 필자는 이런 것을 볼 때에 '말'에 대한 연상을 금치 못한다.

그러면 대체 '말'이라는 것은 무엇인가? '말'이라는 것은 아마 '음성을 통하여서 되는 관념의 표시'라고 정의됨직하다. 따라서 언어는 이성을 가진 동물인 인류가 홀로 가지고 있는 것이요, 사람에게 이성이 있다는 것의 증명도 되는 것이다. '말'은 관념의 표시이고 관념은 이성의 산물이니까.

철학상으로는 말한 바와 같이 언어는 '이성을 통하여서 되는 관념의 표시'라고 하는 한 가지에 돌아가고 말지만 이것은 단지 그의 본소(本素)를 말한 것이어서 다른 방면 예컨대 문법상, 예의상, 도덕상 등등으로 언어 우성(偶性), 특징 등을 본다면 결코 그렇게 단순한 것이 아니고 여러 가지로 구분할 수 있는 것이다. 경어, 평어, 속어, 방어, 비어, 문어, 구어, 유행어, 외래어, 혼성어, 우스운말, 의미없는말, 할말, 안할말 갈래를 세려면 수 없을 것이다.

그러면 위에 인용한 주부의 말은? 물론 그리 나무랄 말은 못된다. 그러나 너무 가혹한 판단인지는 모르지만 그런 말을 들을 때 필자는 '쓸데없는말', '의미없는말'을 한다고 생각하는 것이다. 현대 사람은 정직이란 안중에 두지 않고 사리에만 골몰하여 자기 선전만을 위한 것을 장사의 물품은 살 때 자기로서는 도무지 검정하지 않고 "이것이 좋으냐." 고 물으니 장사는 장사로서 자기 물품을 나쁘다고 할 사람은 드물 것이 아닌가― 여러 층의 상품을 파는데 그 우열을 말하는 것은 별문제이지만…… 그러면 꼭 이러한 대답이 나올 것임에도 불구하고 참말로 알고자 하는 심리로써 묻는다는 것은 그 의미가 별로 없는 것이 아닐까 하

것과증명되는것이다「말」은 관념의표시이고 관념은
이 경의산물이니까.

철학상으로는 말한바와같이 언어는「음성을통하여서
되는 관념의표시」라고하는것인가지이며 말이가고말지만은
이것은 단지 그의본소(本素)를말한것이며어서 다른방면
에건대 문법상 여의상 도덕상동수……이도 언어 우
성(個性) 등등을볼진대 좋로 그렇게단순한것이아니
고여러가지로구분할수있는것이다. 좋어 썻어 소이아
어비어 문어 구어 유향어 외래어 혼장어 우시운말 방
의미없는말 인할말 같다- 허이러면 수업쓸것
이다.

그러면 우혜인용한 주부의말은? 물론 그리나물할
말은못된다. 그러나「너무가혹한 판단인지는몰으지만은
그런말을들때 믿지는「쓸떼없는말」「의미없는말」을
한다고 생각하는것이다. 현머사람은 천직이란 안중에
두지않고 사리에만을돌아 것 지선친만을위하거늘 장
사 의물품을 살때자기료서는 도모지 검정하지않면고「이
것이조흐냐」고할뿐이니 장사는장사료서 자기물품을나뿌
다고하지이안넌가──여러종의상품을파는때
그우말(虛勞)을말하는것은 드물것이오 찬말로말고거하
곡 이런판대답이나울것은 그의미가별로없는것이아닐가
는심리로서 뭇는다는것은 그의미가별로없는것이아닐가
하고 생각하는것이다.「조고만더석이까불기는─」어해들

은 십중팔구가 종경할하다 그리하야 까부는것은 어
틴의의외한특중이라고까지 볼수있는것이고 또그렇게보아
야한다. 그러나 각금 이외같은무중을 어른에게쓰못는
일이있는것은 그어른들이 의미없는말을한다는것을 생
각케한다. 까부는것이 아해들의 유정이라면 이말은의미
없는말이될것이아닌가. 어른이 까부려야된다는말은아닐
터이니까. 날日氣 긴長竹 面가칼 맥……면창이나회
장이나 다만멋흿것의의미일도 상당히
에게나「선생님 선생님」하는것등의우서운말도 상당히
다수에올것이다. 그러나 이권중류의 의미없는말 우
쉬운말은 아까도말하였지만은 그리나물할것이되지못한
다. 의미없는말중에도 매우한심한것은 조선의인사용어
라할것이다. 조선의인사어는 (내가아는한에는) 축복을의
미하는어구는 거의다질문책인것을 누구나다
인정할것이오「나려오십니까」「나려가십니까」「장에가십
니까」「어데가십니까」등수이 우리인사의 다표적일것이
다. 어룬에게나 동무에게나물론하고 이렇게질문체를사
용하는것은 좋개혁할며지가있다고본다.
가여간거북하지안으니까. 물론 축목체인다. 제일 인사끝난음에하
는것은 문제가되지않지만. 그러나 이것은아즉털
한것이다. 심한것은「진지잡수섯습니까」한마대로 식친
에나 방중에나 길에서나 집에서나통용하는것이아닌고하
졌다. 언어란것이 관념표시라면 조선인의의식은 밤이

고 생각하는 것이다. "조그만 녀석이 까불기는!" 아이들은 십중팔구가 좀 경솔하다. 그리하여 까부는 것은 어린이의 한 특징이라고까지 볼 수 있는 것이고 또 그렇게 보아야 한다. 그러나 가끔 이와 같은 꾸중을 어른에게서 듣는 일이 있는 것은 그 어른들이 의미없는말을 한다는 것을 생각게 한다. 까부는 것이 아이들의 특징이라면 이 말은 의미없는말이 될 것이 아닌가. 어른이 까불어야 된다는 말은 아닐 터이니까. 날일기, 긴장대, 면도칼, 빵떡… 면장이나 회장이나 다만 며칠만 하였어도 명의만은 영구적인 것 아무에게나 "선생님 선생님" 하는 것 등의 우스운말도 상당히 다수에 옳을 것이다. 그러나 이런 종류의 의미없는말, 우스운말은 아까도 말하였지마는 그리 나무랄 것이 되지 못한다. 의미없는말 중에도 매우 한심한 것은 조선의 인사 용어라 할 것이다. 조선의 인사에는 (내가 아는 한에는) 축복을 의미하는 어구는 별로 없고 거의 다 질문체인 것을 누구나 다 인정할 것이니 "돌아오십니까.", "내려오십니까.", "장에 가십니까?", "어디 가십니까?" 등등이 우리 인사의 대표적일 것이다. 어른에게나 동등에게나 물론하고 이렇게 질문체를 사용하는 것은 좀 개혁할 여지가 있다고 본다. 제일 인사받기가 여간 거북하지 않으니까. 물론 축복체 인사 끝난 다음에 하는 것은 문제가 되지 않지만……. 그러나 이것은 아직 덜한 것이다. 심한 것은 "진지 잡수셨습니까." 한마디로 식전이나 밤중에나 길에서나 집에서나 통용하는 것이라고 하겠다. 언어란 것이 관념표시라면 조선인의 의식은 '밥'이라는 물질적 사물에 완전히 매몰되어 정신적 방면을 너무나 망각하는 것을 표현하는 것이 되지 않겠는가. 그리하여 외국인의 앞에 대단히 부끄러운 일이 되지 않겠는가? 조선인의 품성을 야비하게 보이는 이런 인사 용어를 하루바삐 개혁하는 것은 필자만이 가지고 있는 생각이 아닐 것이다.

라는 불결한 사물에 완전히 매몰되여 정신적방면을 넘어나 망각하는것을 표현하는것이 되지않겠는가. 그리하야 외국인의 앞에 다단히 부끄러운일이 되지않겠는가? 조선인의 품성을 야비하게 보이는 이런 인사용어를 하로바삐 개혁하자는것은 필자만이 가지고 있는 생각이 아닐것이다.

다음은 한거름 더 나아가 문법상과 도덕상으로 언어의 순수성과 힘말 안힘말을 생각하여 보기로 하자.

언어의 순수성은 단어의 본뜻을 본뜻대로 쓰는것이 하나이오 자기나라말을 자기나라말대로 쓰는것이 하나이라고 믿는다. 그러나 조선인은 이두가지에 대한 관심이 떡 박약한것같다. 시대의 변천을 따라 단어의 의미가 변하야 다른뜻으로 되는것은 언어의 발전과 변천상 면치못할일이오 또한 피할것도 아니므로 이것을 그본대로 쓰지않는다고 비난하는것이 아니라 다만 두가지 단어를 그의미에 있어 혼동하거나 서로 바꿈을 말하는것이다. 「잊어버린다」「잃어버린다」「마중간다」「버려가며」「맞웅간다」고 하는것 만나는 사람보고 굿바이(Good-bye)하는것등'은 다 이런종류에 속함이다.

그러나 이것은 다만 문법상과실이라 하겠지만 「제모」라 함과같이 「처모」라 함과같이 는 미의상 상당히 큰실이라고 아니할수없는것 무지 교양의결핍이 노여져 버릴만함어 이와같이도 악화되였그 우리의말은 그러나

이것은 교육이 보급됨을 따라 개량될날이 멀지않을줄 믿는 바이 있어 그리나 심치않는것이다.

조선어의 순수성을 제일 더럽히는것은 필요나이 익히 자기나라말에 남의말을 혼합하야 쓰는것이다. 「이상」 이것좀 다 노무합니다」 「한상 따단히」 「어찌 기모치가 이상한데」 「스마―트한 요―후꾸를 입고 필...」 쉬」 이런종류의 혼성어는 불행하게도 매거할수없이 많다 어찌 이다지도 우리의 말을 학대로 하는다는가. 라면 문명이 어데로 쉬수입되면 따라쉬 말도 수입되는것은 사세부득 이한일이지만은 필요이상으로 남의말을 입시키고 필요이상으로 자기말을 죽여버리기까지 할것은 입지않은가. 조선의 청년들아 외국어나 일어 외국어나 일어 그대로 쓰자. 그리고 조선말은 석겁없는 조선말 그대로 쓰자. 이것이 필자의 부르지즘이다.

마즈막으로 필자는 자라가다가치 느끼는 한가지를 더 적으려 한다. 다른곳은 몰으나 황해도에 쓰는 아이들이 더러면 어른들보고 그렇지만」 「무중한다」는것을 「욱한다」고 하는 것이 보통이다. 이말때문에 라도 특히 말씨고흔 경기충 왕도사람에게서 홍도많이 잡히고 비난도 적지않게 받는것은 필자시로서 후해드가 고향인까닭에 여러번 당한 쓰라린(?) 경험을 가지고 잘알고 있는것이다. 과연 어른이 한우충 하시는것을 고향은 문법상으로나 의의상으로나 크나큰 잘못이라 아니할수없다(?)「욱」과「무중」

다음은 한걸음 더 나아가 문법상과 도덕상으로 언어의 순수성과 할 말, 안할말을 생각하여 보기로 하자.

　언어의 순수성은 단어의 본뜻을 본뜻대로 쓰는 것이 하나요, 자기 나라말을 자기 나라말대로 쓰는 것이 하나라고 믿는다. 그러나 조선인은 이 두 가지에 대한 관심이 퍽 박약한 것 같다. 시대의 변천을 따라 단어의 의미가 변하여 다른 뜻으로 되는 것은 언어의 발전과 변천상 면치 못할 일이요, 또 반대할 것도 아니므로 이것을 가지고 단어를 그 본의대로 쓰지 않는다고 비난하는 것이 아니라 다만 두 가지 단어를 그 의미에 있어 혼동하거나 서로 바꿈을 말하는 것이다. '잊어버린다', '잃어버린다'는 두 단어를 혼동함 같은 것, '냄내려가며', '마중간다'고 하는 것, 만나는 사람보고 '굿바이' 하는 것 등은 다 이런 종류에 속할 것이다. 그러나 이것은 다만 문법상 과실이라 하겠지만 '계모'를 '서모'라 함과 같이 남의 명예에 관한 단어를 혼용함 같은 것은 예의상 상당히 큰 과실이라 아니할 수 없다.

　무지, 교양의 결핍이 낳은 폐해로 말미암아 우리의 말은 이와 같이도 악화되었고 또한 악화되고 있다. 그러나 이것은 교육이 보급됨에 따라 개량될 날이 멀지 않을 줄 믿는 바 있어 그리 낙심치 않는 것이다.

　실제상 언어의 순수성을 제일 더럽히는 것은 필요나 이익 없이 자기 나라말에 남의 말을 혼합하여 쓰는 것이다. "이상, 이것 좀 다노무합니다.", "한상, 대단히 에라인데", "어찌 기모찌가 이상한데", "스마-트한 요-후꾸를 입고서" 이런 종류의 혼성어는 불행하게도 하나하나 들 수 없이 많다. 어찌 이다지도 우리의 말을 학대하는가. 과연 문명이 어디에서 수입되면 따라서 말도 수입되는 것은 사세부득이(事勢不得已)한 일이지마는 필요 이상으로 남의 말을 수입시키고 필요 이상으로 자기를

은 보람적으로 다 되는것이므로. 그러나 무중하는것을 ㅍ한다고말하기까지한 그동기를가 자녀나제자왕에서 마고는부모와교육자가 ﾠ가찾아보다면 절코그리손쉽게 이말을그러다할수없음을 연이것을깨닷지못하는부모와교육자는「자기혜를억제하지 ﾠ받어질것이다. 요컨대「꾸중」이라하는것은 자녀나수하 않고……신실자(信心者)인즐로서취하는자의신심은 못 가 잘못하였을때에 그잘못으로인하야 받은상심을표하 것인것」과같이 그들의교육은헛것이되고말것이다. ﾠ기위하야 또하에는 그런일이없도록하기우하야 받하는 독자제군! 제이대조선의기초인 어린이의교육을말은 ﾠ정당한분노 즉 외분(義憤)의 한현상이되거니와 잘못한사람 자가 우리가아닌가. 청신적으로나 물질적으로나 보 ﾠ이 자기의탓을뉘웃고 후에 그런일이없도록주의하게되는 담더아름다운 보담더거룩한 제이대조선 ﾠ것이 그유일한목적일것이다. 그럼에도불구하고 넘으겨 의기초의물 튼수히하여야할이시기가아닌가! 그러면 ﾠ노하야 푹인 비어가 섞인소설을 한부로 떠붓는것이 문화의원동자인 우리의언어를 닭고 순수하고 고상하 ﾠ조선보통사람외하는일이아닌가! 「박승놈의새끼」「별을 고 깨끗하고 거룩하게하여야할것이다. 그러면 우리의 ﾠ먹을년」「오늘밤에답살이맞어되여라」「벼락이나맞어죽 외가장아름답고 세계에자랑할만한언어는 날로악화되여 ﾠ어라」「배스때기 놀라 떠가리 아가리」등々……이런 질국은 만회치못할지경에빠질것이오 외국인에수처가됨 ﾠ것은 우리가 매일듯는것이아닌가! 이보다 더한것은 은물론 조선의 문화와도덕의장내에있어서 크나큰암영 ﾠ말할용기도없고 말할수도없지만은 이러한현실에비최여 (暗影)이될것은 의심할수없는사실이다. ﾠ보면「꾸중한다」는것을 「욕한다」고하는것이 오히려더 「청년들아! 조선의말을살려나갈려는사무는 오직 조선 ﾠ잘맞지않겠는가! 독자제군은앙해할출안다. 부모나교육 「청년들아! ﾠ자의 이런한부주의로써 우리의말의참수악화되고 이렇기 「가물릭청년들아! 조선의말을 더욱정결하고 고상하 ﾠ때문에 아해들은맛나면 인사가「이자식!」「이새끼-」 고 착하고 거룩하게만드는것은 오직 조선가톨릭청년 ﾠ…이런말로시작되는것이다. 웃물이흐리면 아래물도호 의 의무다」 ﾠ리는법이나까. 시면에「네말로서 외인도되고 쥐주도받 이것이 밑자의 불타는가슴에서 울어나오는 애원의 ﾠ는것이오」하신말슴이있고 또뭄슴에「사람의 한가한말 일단이다. ﾠ도심판날에 헤바치리라」고 예수께서말슴하섰다. 그러죽여 버리기까지 할 것은 없지 않은가.

조선의 청년들아 외국어나 일어를 쓰려면 외국어나 일어 그대로 쓰자. 그리고 조선말은 섞임 없는 조선말 그대로 쓰자. 이것이 필자의 부르짖음이다.

마지막으로 필자는 자타가 다 같이 느끼는 한 가지를 더 적으려 한다. 다른 곳은 모르나 황해도에서는 아이들이 (어떤 어른들도 그렇지만) '꾸중한다'는 것을 '욕한다'고 하는 것이 보통이다. 이 말 때문에 다른 도 특히 말씨 고운 경기, 충청도 사람에게서 흉도 많이 잡히고 비난도 적지 않게 받는 것은 필자 역시 황해도가 고향인 까닭에 여러 번 당한 쓰라린(?) 경험으로 잘 알고 있는 것이다. 과연 어른이 한 꾸중하시는 것을 가지고 '욕한다'고 함은 문법상으로나 예의상으로나 크나큰 잘못이라 아니할 수 없다. '욕'과 '꾸중'은 본질적으로 다른 것이므로. 그러나 꾸중하는 것을 욕한다고 말하게까지 한 그 동기랄까 원인이랄까 어디 있는가 찾아본다면 결코 그리 쉽게 이 말을 그르다 할 수 없음을 발견할 것이다. 요컨대 '꾸중'이라 하는 것은 자녀나 수하가 잘못하였을 때에 그 잘못으로 인하여 받은 상심을 표하기 위하여 또 후에는 그런 일이 없도록 하기 위하여 발하는 정당한 분노 즉 의분의 한 현상이어서 잘못한 사람이 자기의 탓을 뉘우치고 후에 그런 일이 없도록 주의하게 되는 것이 그 유일한 목적일 것이다. 그럼에도 불구하고 너무 격노하여 폭언, 비어가 섞인 욕설을 함부로 퍼붓는 것이 조선 보통 사람의 하는 일이 아닌가! "백정놈의 새끼", "빌어먹을년", "오늘밤에 급살 맞아 뒤져라", "벼락이나 맞아 죽어라", "배때기, 눈깔, 대가리, 아가리" 등등…… 이런 것은 우리가 매일 듣는 것이 아닌가! 이보다 더한 것은 말할 용기도 없고 말할 수도 없지마는 이러한 현실에 비추어 보면 '꾸중한다'는 것을 '욕한다'고 하는 것이 오히려 더 잘 맞지 않겠는가! 독자제군은 양해할 줄 안다. 부모나 교육자의 이러한 부주의로써 우리의 말은 점점 악화되고 이렇기 때문에 아이들은 만나면 인사라 "이자식!", "이새끼!"… 이런 말로 시작되는 것이다. 윗물이 흐리면 아랫물도 흐리는 법이니까. 시편에 "네 말로써 인의도 되고 저주도 받는 것이오." 하신 말씀이 있고 또 복음에 "사람의 한가한 말도 심판날에 고해바치리다."고 예수께서 말씀하셨다. 그러면 더군다나 저렇게 악독하고 야비하고 음탕한 말을 자녀나 제자 앞에서 마구 하는 학부형과 교육자이겠느냐! 과연 이것을 깨닫지 못하는 부모와 교육자는 '자기 혀를 억제하지 않고…… 심신자(信心者)인 줄로 자처하는 자의 신심은 헛것인 것'과 같이 그들의 교육은 헛것이 되고 말 것이다.

　독자제군! 제이대 조선의 기초인 어린이의 교육을 맡은 자가 우리가 아닌가! 정신적으로나 물질적으로나 보다 더 아름다운, 보다 더 훌륭한, 보다 더 거룩한 제이대 조선의 기초공사를 튼튼히 하여야 할 이 시기가 아닌가! 그러면 문화의 원동자인 우리의 언어를 맑고 순수하고 고상하고 깨끗하고 거룩하게 하여야 할 것이다. 그러면 우리의 언어를 시급히 개혁하여야 할 것이다. 그렇지 않으면 우리의 가장 아름답고 세계에 자랑할 만한 언어는 날로 악화되어 결국은 만회하지 못할 지경에 빠질 것이요 외국인에 수치가 됨은 물론 조선의 문화와 도덕의 장내에 있어서 크나큰 암영(暗影)이 될 것은 의심할 수 없는 사실이다.

　"청년들아! 조선의 말을 살려나갈 의무는 오직 조선 청년에게 있다."

　"카톨릭 청년들아! 조선의 말을 더욱 정결하고 고상하고 착하고 거룩하게 만드는 것은 오직 조선 카톨릭 청년의 의무다."

　이것이 필자의 불타는 가슴에서 우러나오는 애원의 일단이다.

조선어사전(朝鮮語辭典) 편찬(編纂)에 대하여[1]

1934년 5월 ■ 『학등(學燈)[2]』 제2권 6호 ■ 이극로(李克魯)

1. 과거의 조선어사전 편찬

반만년 문화생활의 역사를 가지고 오는 조선민족에게 제 말과 글을 배우는 사전 한 권이 없다는 것은 너무나 섭섭하고 부끄러운 일이 아니라 할 수 없다. 세종대왕께서 한글을 내신 뒤 오백년 동안에 그 글로써 유서(儒書), 불경 그밖에 여러 가지 한문서적을 풀어서 색인 언해가 있으며 이야기책, 노래, 편지 따위로 쓰고 별별 것을 안 쓴 것이 없건마는 조선말을 배우는 사전은 한 권을 쓴 것이 없다.

처음에 서양 선교사들이 예수교를 전도하고 조선말을 배울새 그 목적으로 사전을 만들게 된 것이다. 그래서 1880년에 프랑스 선교사의 손으로 파리에서 한불자전이 출판되니 조선말이 어휘로 자전에 실리기는 이것이 가장 처음이다. 그 다음으로 1890년에 미국 선교사 언더우드 씨의 손으로 한영자전이 횡빈[3]에서 출판되었고 또 1897년에 영국 선교사 게일 씨의 손으로 또한 한영자전이 횡빈에서 출판되었다. 그러고는 또 국어로 주해(註解)한 조선총독부의 조선어사전이 1920년에 출판되었다. 그러나 위에 말한 네 가지 자전은 다 조선말을 배우려고 주해한 책들이요 또 표준이 될 만한 합리적 통일이 서지 못한 사전들이다. 그러면 조

---

1) 하동호 엮음, 『역대한국문법대계 제3부 제11책 「한글論爭論說集」 下』(박이정, 2008), 535~537.

2) 학등(1933.10~1936.3). 문예잡지이다. 한성도서주식회사에서 발행하였다. 이은상(李殷相)의 「학등(學燈)」이라는 시조가 권두시로 실려 있다.

3) 일본 요쿄하마

朝鮮語辭典 編纂에 對하여

李克魯

一、過去의 朝鮮語辭典 編纂
二、辭典의 重大性과 編纂의 難關
三、朝鮮語統一機關인 朝鮮語學會와 朝鮮語辭典 編纂會
四、辭典編纂의 進行方針

一、過去의 朝鮮語辭典 編纂

半萬年 文化生活의 歷史를 가지고 오는 朝鮮民族에게 말과 글을 배우는 辭典 한卷이 없다는것은 너무나 섭섭하고 부끄러운 일이 아니라 할수 없다。世宗大王께서 한글을 내신뒤 五百年동안에 그 글로써 儒書、佛經 그 밖에 여러가지 漢文典籍을 풀어서 색인譯解가 있으며 그 밖에 이야기책、노래、편지 따위로 쓰고 별別것을 다나 쓸것이 없건마는 조선말을 배우는 辭典은 한卷을 쓸것이 없다。

처음에 西洋 宣敎師들이 여수敎를 傳道하고 朝鮮말을 배울새 그 目的으로 辭典을 만들기 되것이다。그래서 西曆 一八八O年에 佛蘭西 宣敎師의 손으로 巴里에서 韓佛字典이 出版되니 조선말이 語彙로 字典에 실리기는 이것이 가장 처음이다。그 다음으로 一八九O年에 米國 宣敎師 언더우드氏의 손으로 韓英字典이 橫濱에서 出版되었고 또、一八九七年에 英國 宣敎師 게일氏의 손으로 또한 韓英字典이 橫濱에서 出版되었다。

그리고는 또 國語로 註解한 朝鮮總督府의 朝鮮語辭典이 一九二O年에 出版되었다。그러나 우에 말한 네가지 字典은 다(此間略)조선말을 배우려고(此間略)註解한 책들이오 또 標準될만한 合理的 統一。 서지 못한 辭典들이다。그러면 조선사람은 오늘까지 아무 힘씨바가 없느냐하면 그런것은 아니다。이로되 近三十年前에 朝鮮光文會에서 故 周時經氏를 中心으로 하여 朝鮮語辭典 編纂을 着手한 바이 있으나 이것이 조선사람으로써는 朝鮮語辭典 編纂을 着手한 嚆矢가 되는것이다。그러나 그 事業은 마침내 이루지 못하고 中途에서 말게 되었으며 그뒤에도 이일에 힘쓰는이가 없지 아니하나 아직은 하나도 完成된것이 없다。

선 사람은 오늘까지 사전을 위하여 아무 힘쓴 바가 없느냐 하면 그런 것은 아니다. 지금부터 근 30년 전에 조선광문회4)에서 고(故) 주시경 씨를 중심으로 하여 조선어사전 편찬을 시작한 바 있으니 이것이 조선 사람으로서는 조선어사전 편찬을 착수한 효시가 되는 것이다. 그러나 그 사업은 마침내 이루지 못하고 중도에서 말게 되었으며 그 뒤에도 이 일에 힘쓰는 이가 없지는 않으나 아직은 하나도 완성된 것이 없다.

2. 사전의 중대성과 편찬의 난관(難關)

말과 글이 없고서야 인류의 문화가 어디에서 생기며 또 그것이 어떻게 퍼질 수가 있겠는가. 그러므로 문화의 기초는 곧 말과 글이다. 이것이 우리에게 이와 같이 큰 관계를 가진 것이므로 문화를 가지고 잘 살려고 애쓰는 민족으로서 제 나라 말과 글을 바로 잡아 통일이 있게 만들어 표준사전을 편성하지 않은 이가 없다.

말과 글은 그 언어생활을 하는 사람들의 서로 뜻을 통하는 약속부호로 그들의 공유물이요, 또 공용물이다. 그런 까닭으로 꼭 통일을 요하는 것이다. 이 통일이 있어야 되는 표준사전은 다른 책과 달라서 일부 사람의 일시적 독서물이 아니라 사람마다 늘 두고 보는 책이나 우리의 쓰는 말과 글이 옳고 그른 것을 질정(質定)하는 최고재판관이다. 그러므로 어디에도 견줄 수가 없는 위신문제가 붙는 것이 곧 한 언어의 표준사전이다.

위에 말한 것과 같이 한 언어의 표준사전이 그렇게 중대한 것만큼 편찬의 어려운 점도 퍽 많은 것이다.

---

4) 1910년 서울에 설립되었던 한국고전간행단체. 최남선(崔南善) 등이 고문헌의 보존과 반포, 고문화의 선양을 목적으로 설립하였다.

二、辭典의 重大性과 編纂의 難關

말과 글이 없고야 人類의 文化가 어디에서 생기며
또 그것이 어떻게 띠질수가 있으리오 그런때로 文化
의 基礎는 곧 말과 글이다. 이것이 우리에게 이와 같이
큰 관계를 가진것이므로 말과 글을 바루 잡아 統一이
는 民族으로서 제 나라 말과 글을 가지고 잘살려고 매쓰
있게 만들이 標準語典을 編成하지 아니한것이가 없다.
말과 글은 그 言語生活을 하는 사람들의 서로 뜻
을 通하는 約束符號로 그들의 共有物이오 또 共用物
이다. 그런 까닭으로 꼭 統一을 要하는것이다. 이 統一
이 있어야 되는 標準辭典은 다른 책과 달라서 一部
人의 一時的 讀物이 아니라 사람마다 늘 두고 보
는 책이나 우리의 쓰는 말과 글이 옳고 그른것을 質
正하는 最高裁制官이다. 그러므로 어디에도 전출수가 없
이으에 말한것이 같이 一國語의 標準辭典이 그렇
게 貢大한것만큼 編纂의 어려운 點도 퍽 많은것이
다.

1. 綴字法과 語法과의 統一案을 要하는것이니 무
엇이나 統一이라는것은 그리 쉬운일이 아니당. 强制
의 힘을 가지고도 쉬운 일이 아니거든 하물며 自由
研究에 말긴 科學的 體系에 對한 統一이야 얼마나 더
어려울것은 환한 일이당. 얼를 보기에는 아주 쩌은 問

題같은것이라도 討論에 걸리면 뜻밖에 긴 세월을 要하
게 되고 또 서로 充分한 理解와 要協이 잘 못되는
點도 없지 아니하당.

2. 統一案에 依하여 處理하는데도 아직 紊亂한 狀
態에 빠진 우리의 語音、語意、語法、語感、語源을 낱
낱이 調査하여 標準語를 세우는것이당.

3. 一般 著驛와 다른것은 어떤 한 問題를 中心을
삼아 가지고 다루는것이 아니라 人類 文化生活 全體
에 關係된 온갓 事物을 말하는 百科全書당. 그러므로
제 아무리 多聞博識者라도 한두사람의 知識으로는 到
底히 할수 없는 일이므로 마땅이 여러 方面 專門家의
知識을 빌어야 되는것이당.

4. 말의 材料를 얻는 대에는 縱으로 古今 書籍을
뒤어보아야 되며 橫으로 各地方사람의 혀끝에서 굴러
나오는 方言을 調査하여야 되니 그 蒐集의 範圍가 매
우 廣漢한 것이당.

끝으로 한 말슴 붙이어 할것은 辭典編纂이 얼마
나 어려운것을 남들의 한前例를 보아서 알수 있는것
이당. 國語辭典의 始祖인 昌海는 國力과 大槻文彥氏의
本心으로 十年만에 (明治八年二月로 同 十七年 十二月
까지) 四萬이 못되는 語彙로 編纂이 되었고 國語로 註
解한 朝鮮語辭典은 그 앞서 난 韓佛字典과 韓英字典
과의 參考가 基本이 되었건마는 朝鮮總督府의 힘으로

143

(1) 철자법과 어법과의 통일안을 요하는 것이니 무엇이나 통일이라는 것은 그리 쉬운 일이 아니다. 강제의 힘을 가지고도 쉬운 일이 아니거늘 하물며 자유 연구에 맡긴 과학적 체계에 대한 통일이야 얼마나 더 어려울 것은 환한 일이다. 얼른 보기에는 아주 적을 문제 같은 것이라도 토론에 걸리면 뜻밖에 긴 세월을 요하게 되고 또 서로 충분한 이해와 요협(要協)이 잘 못 되는 점도 없지 않다.

(2) 통일안에 의하여 처리하는데도 아직 문란한 상태에 빠진 우리의 어음(語音), 어의(語義), 어법(語法), 어감(語感), 어원(語源)을 낱낱이 조사하여 표준어를 세우는 것이다.

(3) 일반 저서와 다른 것은 어떤 한 문제를 중심을 삼아 가지고 다루는 것이 아니라 인류 문화생활 전체에 관계된 온갖 사물을 말하는 백과전서(百科全書)다. 그러므로 제 아무리 다문박식자(多聞博識者)라도 한두 사람의 지식으로는 도저히 할 수 없는 일이므로 마땅히 여러 방면 전문가의 지식을 빌어야 되는 것이다.

(4) 말의 재료를 얻는 데에는 종(縱)으로 고금 서적을 훑어보아야 되며 횡(橫)으로 각 지방 사람의 혀끝에서 굴러 나오는 방언을 조사하여야 되니 그 수집의 범위가 매우 광막(廣漠)한 것이다.

끝으로 한 말씀 붙여 할 것은 사전편찬이 얼마나 어려운 것을 남들의 한 전례를 보아서 알 수 있는 것이다. 국어사전의 시조인 언해(言海)는 국력과 대규문언(大槻文彦)[5] 씨의 전심(專心)으로 십년 만에 (명치 8년 2월부터 명치 17년 12월까지) 사만이 못 되는 어휘로 편찬이 되었고

---

[5] 오쓰키 후미히코(大槻文彦, 1847~1928). 에도 출신이며 국어학자이다. 1875년 문부성은 오쓰키 후미히코에게 국어사전의 편집을 명령했다. 그가 만든 사전인 言海(げんかい)는 1889~1891년에 발행되어 일본 최초의 근대적인 국어사전이라는 높은 평가를 받았다.

十數名이 八年만에 (明治四十四年 四月로 大正八年 三月
까지) 五萬 八千餘 語彙로 編纂이 되었다.

三、朝鮮語 統一機關인 朝鮮語學會와
朝鮮語辭典編纂會

辭典의 重大性과 그 編纂의 難關을 보아서 次로 한
두 學者의 책상머리에서 혼자 머리나 앓고 硏究하는것만
가지고는 풀릴 問題가 못되고 마땅이 어떤 組織밑에
서라야 될것이다. 그러므로 이 重大한 問題를 解決
하려고 일즉이 數十年前에 朝鮮語의 硏究와 統一을 目
的한 한 朝鮮語學會가 組織되어서. 朝鮮語學界의 權威家
가 網羅되었고 또 그 目的을 이루기 爲하여 一九二
九年 가을에는 各社會를 網羅하여 民族的으로 權威를
세운 事業機關이 組織된것이 곧 朝鮮語辭典編纂會다.
한 民族의 情語와 文字와의 統一을 目的하는 機關인
것만큼 이두 機關은 絕對性을 가진것이다.

四、辭典編纂의 進行方針
우에 말한 두 機關은 計劃的으로 다음과 같이 일
을 하여간다.
1、朝鮮語辭典編纂會의 常務編纂員 三人이 當分間 努
力하는 밖에
2、專門 性質을 가진 語彙와 그 註解는 各方面 專
門家 三十餘人에게 囑托하여 일을 進行하며
3、綴字法、語法等 여러가지 統一案을 세우는 것은
朝鮮語學會의 月例會、週會、特別討議會에서 斯界 權威家
가 모이어서 꾸준히 힘써 일하는 中에 한글 綴字法 統
一案은 昨年 十月에 이미 發表되었으며
4、方言調査는 京鄉各地의 많은 學生과 敎員에게
委托하여 이미 많은 收穫이 있었고 또 더욱 奮闘努
力中이다.
(一九三四年 四月十九日 朝鮮語辭典編纂會編輯室에서)

국어로 주해한 조선어사전은 그 앞서 난 한불자전과 한영자전과의 참고가 기본이 되었건만 조선총독부의 힘으로 십수(十數) 명이 8년 만에 (명치 44년 4월부터 대정 8년 3월까지) 오만 팔천여 어휘로 편찬이 되었다.

3. 조선어 통일기관인 조선어학회와 조선어사전편찬회

사전의 중대성과 그 편찬의 난관을 보아서 결코 한두 학자의 책상머리에서 혼자 머리나 앓고 연구하는 것만 가지고는 풀릴 문제가 못 되고 마땅히 어떤 조직 밑에서라야 될 것이다. 그러므로 이 중대한 문제를 해결하려고 일찍이 수십 년 전에 조선어의 연구와 통일을 목적으로 한 조선어학회가 조직되어서 조선어학계의 권위가(權威家)가 망라되었고 또 그 목적을 이루기 위하여 1929년 가을에는 각 사회를 망라하여 민족적으로 권위를 세운 사업기관이 조직된 것이 곧 조선어사전편찬회다. 한 민족의 언어와 문자와의 통일을 목적하는 기관인 것만큼 이 두 기관은 절대성을 가진 것이다.

4. 사전편찬의 진행방침

위에 말한 두 기관은 계획적으로 다음과 같이 일을 해 간다.

(1) 조선어사전편찬회의 상무(常務)편찬원 30명이 당분간 노력하는 밖에

(2) 전문 성질을 가진 어휘와 그 주해는 각 방면 전문가 30여 명에게 촉탁(囑託)하여 일을 진행하며

(3) 철자법, 어법 등 여러 가지 통일안을 세우는 것은 조선어학회의 월례회, 주회(週會), 특별토의회에서 사계(斯界) 권위가가 모여서 꾸준히

힘써 일하는 중에 한글 철자법 통일안은 작년 10월에 이미 발표되었으며

(4) 방언조사는 경향각지(京鄕各地)의 많은 학생과 교원에게 위탁하여 이미 많은 수확이 있었고 또 더욱 분투(奮鬪)노력중이다.

(1934년 4월 19일 조선어사전편찬회6) 편집실에서)

6) 조선어사전편찬회. 1929년 국어보호·보급운동의 하나로 국어사전 편찬을 위해 만든 단체이다. 조선어학회가 주동하여 108명의 발기로 조선어사전편찬회를 조직, 이극로·이윤재·정인승 등을 편찬책임위원으로 하고, 준비작업으로 『사정한 조선어 표준말 모음』(1936), 『외래어표기법 통일안』(1938) 등을 발표, 사전 편찬사업을 진행했다. 그러나 일제가 조선어말살정책을 펴고 조선어학회를 탄압함으로써 그 활동이 중단되었다. 해방 후 한글학회가 사업을 이어받아, 1957년 『큰사전』 6권을 발간했다.

전정무총감(前政務總監)[1] 수야(水野)의 '조선어(朝鮮語)' 대한 술회(述懷)

1939년 6월 1일 ■ 『삼천리(三千里)』[2] 제11권 제7호 ■ 미즈노 렌타로(水野 鍊太郎)[3]

질문(問) : 각하는 경성에 근무하셨을 때 조선어를 배우시고 내선인의 회합에서 조선어로 연설까지 하셔서 내선인을 놀라게 하셨는데 지금도 그들 사이에 이 얘기가 되어 있을 뿐 아니라 조선인은 매우 기뻐한다는 얘기를 들었습니다. 각하는 정세가 매우 나쁨에도 불구하고 조선어를 배움에 아주 열심히 하신 것을 보면 여기엔 반드시 무슨 느낀 바가 계셨는지 혹은 필요가 있었든지 어떻게 그런 단시일 동안에 조선어로 연설을 하도록 되셨는지 우리들 후배에게 있어서 가장 흥미 있는 일이라 생각하며 또 각하의 조선어라는 그것이 화제가 되어 있음으로 조선통치의 한 삽화로서 자세히 말씀해 주실 수 없으실까요.

전총감(前總監) : 별반 얘기할 것이라곤 없습니다마는 조선말을 배우게 된 동기를 말씀하려고 합니다. 조선말을 배우긴 했으나 아직 그렇게

---

1) 조선총독부 정무총감(朝鮮總督府政務總監)은 조선총독부의 직위로 조선 총독의 아래에서 군사통수권을 제외한 행정, 사법을 통괄하던 직책이다. 전신은 한국통감부의 부통감이다.
2) 삼천리(1929.6~1942.7). 교양잡지이다. 편집인 겸 발행인은 김동환(金東煥)이며, 삼천리사 (三千里社)에서 발행하였다.
3) 미즈노 렌타로(水野 鍊太郎, 1868~1949)는 일본 아키타 현 출신의 관료이자 정치가, 내무대신으로 요직을 역임한 사람이다. 아키타 중학교(현재 아키타 현립아키타 고등학교), 제일고등중학교를 거쳐 도쿄제국대학(현 동경대학) 법학부를 졸업하고 내무성에 들어갔다. 일본에서는 저작권법을 제정할 때 저작권 보호를 추진한 인물로 유명한 반면, 한국에는 간토 대지진 당시 내무대신으로 조선인들에 대한 국민들의 악감정을 조장해 간토 대지진 조선인 학살 사건을 일으킨 장본인으로 유명하다.

능숙하진 못합니다. 그저 애들 소꿉놀이쯤이나 될까요. 그러나 나는 조선어에 아주 흥미를 갖고 아직도 공부하고 있습니다.

대정 8년(1919) 9월, 내가 정무총감으로 조선에 부임하여 계림의 토지를 밟아서 조선의 인사와 접촉을 하게 되었는데 제일 먼저 느낀 것은 언어를 통할 수 없었습니다. 조선과 내지는 옛날부터 동종동문(同種同文)의 나라라고 하지만 그 언어는 전혀 달라서 그들 인사와 대담하더라도 전혀 상호의 의사를 통할 수 없습니다. 그러므로 당시 조선의 정치는 장님, 벙어리, 귀머거리의 정치라고까지 말했습니다. 눈앞에서 조선인사 사람들이 말하고 있으나 무슨 얘긴지 우리들은 한마디 몰랐음으로 꼭 귀머거리 같았지요. 또 여러 가지 서류와 게시(揭示)가 조선문으로 쓰여 있는 것을 보아도 그것을 읽을 수 없었으니 장님이나 마찬가지지요. 그리고 내 생각한 것을 조선 사람에게 말하려고 해도 그들의 아는 말로는 할 수 없음으로 꼭 벙어리와 같았습니다. 그래서 나는 이것을 장님, 벙어리, 귀머거리 정치라고 술회한 일이 있습니다.

통역을 세우면 양자 간에 대담은 할 수 있으나 통역이란 것은 말로만 양자 사이를 얽어 매여 놓는 것으로 상호에 간담상조(肝膽相照)⁴⁾를 말하는데 참 그 미묘한 의사나 감정을 통할 수는 없는 것입니다. 같은 내지인 동지와 얘기하는 것에 비해서 통역을 통해서 조선인과 말하는 것은 어쩐지 간격이 있게 되어서 섭섭했습니다.

상급관직에 있는 분은 공식회담이 많으니까 통역을 통해서 말씀해도 괜찮지만 경찰관과 정촌역장(町村役場)의 직원 혹은 학교 교원들은 늘 조선인과 접촉이 많음으로 일일이 통역을 세울 수 없는 일이므로 언어가 통하지 못한다는 것은 자못 불편한 일입니다. 언어가 통하지 못하는

---

4) '간과 쓸개를 내놓고 서로에게 내보인다.'라는 뜻으로, 서로 마음을 터놓고 친밀히 사귐.

까닭에 여러 가지 오해가 생기는 일도 있고 의외의 분쟁도 생기게 되는 일이 얼마든지 있습니다.

또 유치원의 실제를 보더라도 내지인과 조선인의 아동이 함께 유희 등을 하고 있으나 어쨌든 조선아이는 조선아이끼리 내지아이는 내지아이끼리 놀게 됩니다. 이것은 반드시 조선아이가 내지아이를 싫어서 또는 내지아이가 조선아이를 싫어서 그러는 것이 아니고 언어가 통하지 못하는 까닭에 자연 서로들 떨어지게 되는 것입니다. 또 소학교 등에서도 내선인이 같이 배울 수 없는 것은 언어관계로 오는 문제입니다. 그러므로 서로 상통할 수 있는 언어를 갖는다는 것은 내선 융화상 극히 필요한 일이라 하지 않을 수 없습니다.

조선은 지금 일본영토요, 조선인은 일본인이므로 종국은 그들로 하여금 국어로 말하게 할 것이 이상입니다. 이 의미에 있어서 국어의 습득은 물론 장려되어 있습니다. 그러나 2천만 가까운 조선인을 죄다 국어를 사용하게 하긴 곤란할 뿐 아니라 조선어를 전혀 폐절(廢絶)하게 하기도 사실에 있어서 될 수 없는 일입니다. 그 당시는 조선인 가운데 국어를 말하는 자가 100인 중 두 사람밖에 없었습니다. 그 뒤에 점점 교육이 진보됨에 따라 국어를 알게 된 자가 증가하게 되었지만 전조선인이 다 국어를 쓰게 되자면 아주 먼 일입니다.

여기에 있어서 조선과 같은 이민족 통치에 있어선 언어의 문제가 극히 필요하다고 생각합니다. 거기서 나는 그 당시 조선에 있는 내지인 관공리에게 조선어의 장려를 기획했던 것입니다. 특히 경찰관 정촌역장의 이원, 학교 교원 등 직접 조선 민중과 자주 접촉하는 자에겐 될 수 있는 대로 조선어를 배우게 했지요. 그래서 그것 때문에 상당한 예산을 계상(計上)하여 조선어를 아는 자에겐 특별수당을 지급하도록 했는데 아마 아직도 이 제도는 계속하리라 믿습니다.

조선어 습득의 장려

이래서 한편으론 하급리(下級吏)에게 조선어를 장려하는 동시에 한쪽으론 나 자신도 조선어를 배우게 되었습니다. 실상 나의 실무상으로는 조선어를 배울 필요가 없었습니다. 필요한 때는 통역을 세워서 하면 그만임으로 꼭 조선말을 배워야 하겠다고는 생각지 않았지마는 그렇더라도 조선말을 아는 것은 퍽 편리하였습니다.

혹 신문지의 표제라든가 또는 게시문 등을 보더라도 그 대요를 알 수 있을 것이고 또 그들 사이에 주고받는 잡담까지도 알 수 있을 것 같이 생각되었습니다. 더구나 조선어가 언어학상에 있어서 국어(일본어) 또는 중국어와 어떤 관계가 있는가 그것들을 아는 것도 또한 흥미 있을 듯싶어서 사무, 여가 당구, 바둑을 다 그만두고 조선말을 배웠습니다.

그래서 藤涉 통역관 소개로 당시 경성사범학교 강사로 있든 류슬근(柳瑟根)이라는 선생을 관저에 불러다가 조선어의 교수를 받았는데 류선생은 훌륭한 학자로 한자의 조예도 깊고 시문학 등도 능숙하셨습니다. 일찍이 내지에 와서 조선어의 교사로서 있은 일도 있고 현재 경성사범학교에서 조선어의 강사로 계신 인격이 높고 고결한 사람인 까닭에 이 사람이면 좋겠다고 하므로 한 주일에 세 번씩 관저에 오시게 하여 배웠던 것입니다.

조선어는 발음은 어려우나 한학을 배운 자에겐 퍽 깨닫기 쉽게 되어 있습니다. 조선어를 배우는 중 언문 깨닫기가 꽤 어렵지만 이것 역시 한자를 아는 자에겐 퍽 쉽습니다. 예컨대 '有難ウ'라는 것을 한자로 쓰면 '감사'라고 하는데 조선어의 발음도 'カムサ'라고 합니다.

그러므로 나는 4, 5개월 배우는 사이에 일상 보통 회화는 알게 되었습니다.

어떤 날 내선인의 회합이 있었지요. 대정 9년(1920) 가을이라 생각되는데 대정친목회(大正親睦會)라는 내선인 협회였습니다. 그 석상에서 나는 내가 아는 범위 내에서 조선어로 연설하리라 생각하여 극히 간단한 인사를 조선어로 했지요. 그랬더니 조선인이나 내지인이나 다들 놀랐습니다. 내지인 관리들도 정무총감은 그렇게 바쁜 틈에 어느새 조선어를 배웠을까 혹은 조선 오기 전에 알았을까 하고 평을 했다 하며 또 조선인들도 대관인 정무총감이 조선어를 안다는 것이 자기들한테 아주 기쁜 일이다 그렇게까지 조선을 생각해 주는가 하고 감사했다고 합니다.

우리는 공식회합 등에선 조선말을 쓸 필요가 없습니다. 필요한 경우엔 통역을 쓰는 것이 좋겠으므로 반드시 조선말 배울 필요가 없지마는 연회석 같은 좌흥(座興)적인 장소일 때엔 서로 툭 털어 놓고 조선말로 얘기하는 것이 조선인사에게 대해서 매우 좋은 느낌을 주게 됩니다.

그 후 내지에 돌아와서도 오히려 조선말을 연습하고 있었으므로 지금도 쉬운 조선어신문쯤은 볼 수 있습니다.

조선어 연구의 동기

나는 조선말을 배울 때 잘 모를 말을 해서 조선 사람을 웃긴 일이 여러 번 있었으나 그것은 나의 조선어 선생인 류씨가 먼저 말씀한 대로 한학자여서 한문으로 조선어를 배워 주게 되므로 그 용어가 고상했든 관계로 어떤 사람들은 정무총감의 조선말은 소위 인텔리계급에게 통하는 조선말이라 어렵다. 일반 조선민중에겐 각하의 조선말이 통용될 수 없다 라고 평이 되었는데 혹 그랬을지도 모르지요.

이래서 나 자신도 조선말을 연구하고 일반관리에게도 조선어의 습득을 장려했으므로 그 당시 관리 가운데도 조선어를 배우는 자가 많이 있었고 또 새로 부임되는 지사(知事) 중에도 조선어를 유창히 하는 자가 있었습니다.

원래 내지인은 외국어 쓰기를 싫어하고 그런 만큼 아주 서투른데 서양인 선교사 등을 보면 먼저 그 토지에 부임하자 곧 그 토지말을 습득하는 것이 통례입니다. 조선에 있는 선교사들도 죄다 유창한 조선말을 쓰고 있습니다. 그런데 일본의 불교가(佛敎家)는 도무지 조선말을 사용해서 불교의 설교를 하지 않고 일본말로 하므로 통역을 하지 않으면 조선인에겐 통할 수 없으므로 그 설교의 효과라는 것이 매우 약합니다. 그러므로 장래 조선 혹은 만주, 중국 등지에 가서 사업하려는 사람은 무엇보다도 먼저 그 토지어를 배워야 할 줄 압니다.

어쨌든 내지인은 영어라든가 불어, 독일어 등은 잘 배우면서도 조선어, 중국어를 배우는 자는 별로 없습니다. 내지 중학교 생도 등을 보더라도 영어는 대개 다 하고 있으면서도 그 동포인 조선어 혹은 이웃나라 만주어, 중국어를 아는 자는 태반 없습니다.

내가 일찍이 문부대신(文部大臣)이었을 때 영어보다 중국어를 장려하는 것이 좋지 않을까 하는 의견을 세워 보았는데 희망자가 극히 적었습니다. 지금 동양은 어떤 점으로든 세계의 주목이 되어 있고 그 동양 무대에서 장래 사업을 시도하려는 자 특히 조선 만주, 중국에서 활동하려는 자는 먼저 그 토지의 말부터 연구하는 것이 가장 필요하다고 생각합니다.

내가 조선에 재직해서 조선어를 배운 이유는 첫째 이런 점에서 입니다. 괜히 배우고 싶어서 배운 것이 아닙니다.

(조선통치사(朝鮮統治史)의 저서 속에서)

제2부

에스페란토에 대한 글

내외문명의 잔교 세계어협회조직 - 우리 문화상에 의미가 큰 사업

1920년 8월 2일(동아일보)

　　지난 6월 20일부터 시내 종로중앙청년회관에서 "에스페란토(세계에 공통으로 하여 쓰는 말)" 강습회를 개최하였다는 것은 임의 보도하였고, 정해진 기간이 다 되어 지난 달 29일 강습을 마치고 제 1회 졸업생 22명이 학업을 마치게 되었다. 이것은 조선 안에서 "에스페란토"의 창작자 "자멘호프"선생의 위대한 사업의 새싹이라 할 만함과 동시에, 이번에 이 말을 가르친 김억씨는 이 기회를 이용하여 조선에서도 영구히 "에스페란토"를 보급시켜 우리 조선이 문화발전함에 작게나마 공헌하기 위해서 졸업생 일동과 함께 지난 30일 밤에 장춘관에 모임을 열어 조선"에스페란토"협회라는 기관을 만들게 되었다. 오후 6시부터 시작된 모임은 김억씨가 스스로 사회를 보는 가운데 전원 일치로 협회의 조직을 찬성한다함이 가결되고, 곧이어 규칙 초안을 통과시켰다. 또한 약간의 임원을 선정하였는데, 회두로는 김억씨가 추천되고 부회두로는 이병조씨가 추천되었다. 그밖에 간사 두 사람과 서무부, 교육부, 선전부 등의 각 부를 두며 회의를 마치고, 9시 경에 간단한 식사자리를 가지면서 김회두가 먼저 예사를 하고 이어 김찬영, 이병조씨의 축사가 있은 후 일동은 한담을 교환하며 식사를 마치고 10시경에 해산하였다. 어쨌든 계몽시대와 수입시대에 있는 우리 사회의 문화를 위하여 큰 연락기관이 되는 동시에 문명의 잔교라고 할 만한 일이다.

內外文明의 機橋
世界語協會組織

우리가 문화사상사업에 의 미리 가른

관늘 발긔하게되엇다 오후육시
부터 김억씨가 스사로사회한아
리에 천수일치로 협회의 조직을
찬성한다함이 가결되매 곳이어
씨 규측초안을 통과하고 따라서
약간의

임원을선뎡 하얏는대회
두(會頭)로는김억(金億), 씨가추
천되고부회두(副會頭)로는리명
조(李乘祚)씨가추천되엇는대그
밧게간사두사람과쉬무부교육부
션뎐부등의간부를두엇스며이에
회의늣마처엇는대 동구시경에
간단한 식탁에나아가 만찬늘치
늘새 먼저김회두의 례사가잇슨
후 김찬녕(金讚永)리병조(李乘
祚)량씨의 츅사 가잇슨후주긱일
동은 한담을교환하며 유유히식
사늘마치고 십시경에 산회하얏
는대 엇지하얏든지 무엇으로보
아도게몽시대(啓蒙時代)와수입
시대(輸入時代)에잇는우리사회
의 문화를위하야 큰련락긔판이
되는동시에문명의잔교(棧橋)라

지난륙월이십일부러시내종로중
앙청년회관안에 「에스페란토
(세계에 공통하야 쓰는말)강습」을
개최하 얏다할은 임의보도
얏거니와 어언간에 소영한긔간
이다되야 지난달 이십구일로써
강습을맛마치고 며일회의졸업상
으로 이십여명이 업을맛게되
얏다 이것이 조선안에서
「에스페란토」의 창작자
「사메노푸」선성의위대한사업의
새싹이라할만한 통시어 이번에
이말늘 가리친김억(金億)씨는 이
긔회를리용하야 조선에서도 영
구히「에스페란토」를 보급식히어
쉬 우리조선의 문화발뎐상에 적
으나마 공헌을하기위하야 지난삼십일
성 일동으로더브러 한모임을 열고
조선「에스페란토」협회라는한긔
고할만한일일것더라

언어의 국제화운동 – 바하이교와 에스페란토

1921년 9월 5일(동아일보)

현재 각국에서 사용하는 언어가 하나가 아니고 과거 각 문명의 민족들의 언어가 같지 않아서, 우리의 생활에 많은 불편이 있다. 이로 인해서 오해도 생기며 시기심과 의심이 발생하기도 하고 감정의 충돌도 발생하여 결국 전쟁이 일어나는 경우도 적지 않다. 더욱이 각 민족의 문명을 종합하여 서로에게 이익을 주는 관계에서, 사용하는 언어가 같지 않아 곤란한 경우에 처할 수 있으며 이는 적지 않은 낭비에 해당한다는 것은 우리가 일상생활에서 경험하는 바이다. 실제로 예를 들면 우리 조선인은 근대문명에 각성한지 오래되지 않아 구미각국의 문명을 수입할 필요가 간절하고, 또 과학과 정치와 도덕과 예술과 그밖에 모든 장점을 수입하여 조선의 발달을 도모하지 않는다면, 생존경쟁이 극심하여 능력개발이 필요한 이 시대에 생존을 유지하지 못할 것이 분명하다. 그러나 구미각국의 언어가 대부분 같지 않고, 더욱이 조선어의 조직과 발음과 동일하지 않은 것이 사실이다. 이에 문명이 이입되는 데에 있어 첫째로 어학에 곤란함을 겪고, 둘째로 그 어학에 힘을 소비하는 일을 하니, 이 어찌 전 인류의 행복을 위하는 바이며 우리 조선인의 발달을 위하는 바라 하겠는가. 이 예는 조선뿐만 아니라 일본도 역시 그러하며, 중국이 역시 그러하며, 동양뿐 아니라 서양 각국도 역시 그러하니 원래 문명발달의 대업은 어떤 위대한 민족일지라도 한 민족의 능력만으로 완성하지 못하고 각 민족의 장점과 천재의 소산을 종합해야 하는지라 구미 각국이 문명을 발달시켜 생존하는 행복을 도모하려면 또한 다른 민족의 문명을 모방하거나 이입할 필요가 있다. 그에 따라 어학에 대해 작지 않은 곤란함과 세력의 낭비를 당하는 것은, 조선인이 공부하기 어려운 한문공부에 힘을 소모하고, 일본인이 공부하기 어려운 영어, 독어, 불어 연구에 세력을 낭비하는 것과 다를 바가 없다. 그리하여 세계의 평화라든지 문명의 증진을 생각해 볼 때 언어의 국제화가 필요한 것은 물론이다.

국제연맹이 성립하여 세계의 협조를 도모하고 군비제한회의를 개최하여 세계의 평화를 도모할지라도 회의에서 사용하는 언어에 대하여 문명 각국이 다투고 질시하는 현상을 보니 세계의 평화가 아직 요원한 것을 나는 알겠다.

그러나 이제 이 불편과 화근을 제거하려는 일대 운동이 발생하였는데, 곧 바하이교의 언어국제화운동이며 세계적 공통어로 에스페란토의 채용을 주장하는 것이다. 1913년에 교주 아부덜 바하의 연설의 일부를 인용하면 "나는 이제 통일의 수단이 발견된 것을 보이나니, 이는 곧 하늘의 뜻이 우리에게 존재하는 것을 증명하는 것이며 세계의 인류가 일체인 주의의 하나는 국제적 언어 에스페란토의 발명이다. 나는 이 언어가 나날이 그 세력을 확대하여 그 옹호자가 증가하는 것을 보니 이 국제적 언어가 세계의 각종 오해를 제거하고 각종 사람들로 하여금 전 인류의 사상을 능히 해석하게 하는 기관이 될 것을 나는 확신한다. 그러므로 우리는 이 국제적 언어가 동포 간에 확대하는 것을 노력하여야 하니, 이 언어가 전 세계의 인류는 하나라는 원칙을 확립함에 첫 걸음이 될 것은 사실이다. 바라건대 이 방면에 대하여 절대의 노력을 다해야 한다."고 하였다.

언어는 자연적 발달물이고, 인공적 제조물은 아니라고 하여 이 에스페란토에 반대하는 자가 있으며, 각 지방의 특수한 생활과 흥미는 그 지방의 고유한 언어에 의하여 발전될 것이고, 인공적 세계어로써는 가능하지 않다고 하여 이 에스페란토에 반대하는 자가 있다. 이러한 논자에 대해서 나도 또한 동일한 의견을 표하는 바이지만 각 지방 방언만으로 인류의 생활을 향상하며 세계의 평화를 꾀하려고 하면 많은 곤란함이 생기는 것은 위에서 말한 바와 같다. 그러므로 우리는 타국어를 익히려는 노력을 쉽게 하여 공통어를 익히는 것에 사용하기를 희망하며 될 수 있는 대로 익히기 쉬운 에스페란토를 가정에서부터 아동에게 학습시키기를 희망한다. 물론 언어는 자연 발달물이다. 그러나 이 자연 발달은 사회를 전제로 한 자연 발달이며, 편의에 따르는 자연 발달이니 이 국제적 언어가 비록 인공적이나 일반사회의 언어가 되고 또한 편리하면 결국 자연 발달하여 세계문화증진에 많은 공헌을 할 것은 물론이다. 나는 조선인이 이 운동에 참가하기를 희망한다.

言語의 國際化 運動

에스페란토 강습회

1922년 6월 16일(동아일보)

개천청년회의 주최로 지금의 세계 공통어 에스페란토 강습회를 창설하고 6개월 기간으로 다가오는 19일부터 개회할 예정이다. 교수는 에스페란토 조선협회 선전부장 의학사 고문용씨가 임하였다.

세계어연구회 - 법학원 안에 신설

1923년 11월 10일(동아일보)

경성 서대문정 168번지 법학원 문과 강당에서는 다가오는 15일부터 (매일 오후 7시부터 9시까지) 세계어연구회를 개최한다는데 강사는 "에스페란토"계의 선진 김억씨이며 이번 연구회는 특히 한 학기 동안으로 기한을 길게 하여 종래의 기한이 짧아 유감스럽던 일이 없게 할 것이라 하며 회비는 매월 2원씩이고, 이번에는 "에스페란토"에 대한 일반 지식을 완전히 교수할 목적이라 한다.

자멘호프박사를 회함 – 66회 탄진에

1923년 12월 15일(동아일보)

자멘호프박사는 세계어라는 이름을 가진 에스페란토어의 창안자이다. 아마 박사는 인류가 산출한 가장 위대한 천재요, 이상가(理想家) 중 하나일 것이다. 그는 60평생을 에스페란토어와 에스페란토 주의에 바치고 1917년 그의 가슴을 아프게 하던 구주대전(歐洲大戰)이 아직 끝나는 것을 보지 못하고, 가난한 안과의사이면서 동시에 가장 고귀한 성자의 생활을 마쳤다.

박사는 1859년에 폴란드의 작은 마을 비아위스토크의 가난한 유태인 중학교 교사의 장남으로 태어났다. 박사는 그의 성정은 모친에게서 받고, 그의 지능은 부친에게서 받고, 그의 민족 투쟁의 인상을 고향에서 받아, 이 세 가지가 합하여 그를 천재로 만들었다고 한다.

박사의 고향인 비아위스토크에는 리투아니아인, 폴란드인, 유태인, 러시아인 등 인종과 종교를 달리하는 민족들이 섞여서 거주하였고, 그 중에 러시아인은 다른 세 민족의 통치자의 위치에 있었다. 그런데 이 민족들은 항상 서로 시기하고, 의심하고, 없는 말을 지어내 서로 헐뜯고, 핍박하였다. 박사가 6세가 되었을 때에 폴란드가 러시아제국에 대한 제 2혁명이 끝이 나고, 그 지방 모든 민족들은 피를 흘리고 적개심에 가득찼었다. 이에 러시아 정부는 폴란드에 거주하는 이민족들에게 교묘한 이간책을 사용하여 이이제이(以夷制夷)의 이익을 취하려 하였다.

이 때문에 리투아니아인, 폴란드인, 유태인 간에 반목질시(反目嫉視)가 더욱 심해졌고, 따라서 유혈(流血)의 참사가 끊임없이 일어났으며, 특히 러시아인은 이것을 이용하여 강압적으로 이국어(異國語)와 이종교(異宗敎)를 압박하였다.

"이곳은 러시아 땅이니 러시아 말을 써라!"하고 러시아 헌병이 시장에 매매를 하러 오는 농민들을 구타한 사건은 박사가 소년시절을 회고한 것 중의 하나이다.

박사가 1906년 제네바에서 열린 에스페란토 대회에서 한 연설 중에 이러한 구절이 있다.

"불행한 나의 고향 시가(市街)에는 도끼와 몽둥이를 든 야만인(러시아인)들이 달려들어서 무고한 주민들을 습격했다. 이 주민들의 유일한 죄는 그들이 이 야만인들의 국어와는 다른 국어를 쓰고, 야만인들의 종교와는 다른 종족적종교(種族的宗敎)를 믿는 것뿐이다. 오직 이 때문에 그들은 남자와 여자, 쇠약한 노인과 가련한 아이의 두골을 부수고 눈알을 빼는 것이다."

이러한 일이 어찌 폴란드에만 있었겠는가? 세계도처에 소위 제국주의가 행해지는 곳마다 이러한 참극이 수없이 존재했다. 우리의 기억에도 아직 새로운 사실들이 많이 있다.

어찌하여 사람이 사람을, 민족이 민족을 이렇게 서로 핍박하고, 질오(姪惡)하고, 천대하고 학대하는가? 그 이유를 자멘호프박사는 이곳에서 찾았다.

"가증한 악인들이 거짓말과, 남을 헐뜯는 말을 각 자국민에게 전파하여 국민과 국민 간에 근거 없는 오만과 적개심과 시기심을 만들게 하였다. 그러나 만일 각 국민 간에 언어라는 높고 깊은 장벽이 있어서 서로 자유로운 소통을 방해하지 아니 하였더라면, 그리하여 국민의 각 단체도 자국민의 각 단체와 꼭 같은 인정과 이상을 가진 사람인 줄을 잘 알

았더라면, 저 악인들의 거짓말과 비방이 이처럼 무서운 결과를 만들어 내지 못하였을 것을."

이것이 우리 자멘호프박사로 하여금 그의 60평생을 세계공통어인 에스페란토의 완성에 바치게 한 이유이다.

그렇다고 각 민족이 각자의 국어를 없애라는 것은 아니다. 약소국 국민이 강대국 국민의 국어를 학습하고 사용하는 수치와 고통을 면하고 오직 자국민의 정들고 귀중한 국어와 세계 공통의 에스페란토만을 배우자는 것이다.

물론 아직 이러한 시대는 출현하지 않았다. 그러나 이미 수백만의 각 민족의 남녀가 에스페란토어와 에스페란토주의를 배우기 위해 모여들었고, 우리 조선에도 이미 수백의 에스페란토주의자가 생겼다.

우리는 인류의 은인인 자멘호프박사의 탄신을 축하하는 이날에 속히 각 민족의 자녀들이 사랑하는 자국어와 세계일가주의(世界一家主義)인 에스페란토만을 배우는 날이 이르기를 바라지 않을 수 없다.

자멘흡博士를 懷함

六∴∴六回誕辰에

자멘흡博士는 世界語라는 一種의 esperanto語의 이 創案者다 아마 博士는 人類 産出中에 가장 偉大한 天才요 그는 一 일것 理想家中에 하나일것 이다 그는 六十年生으로 폴란드語와 에스페란토主義를 바치고 一九一七年 그의 가台을 아피면 歐洲大戰에 아 직 끗지못함을 보지못하고 貧弱한 眼科醫로서 聖者의 生活을 마추왓다

博士는 一八五九年 今日에 세네바일 猶太人인 中學校教 師의 第一子로 래어낫다 그의 故鄉인 비알리스크에 博士의 故鄉인 비알리스크에 博士의 故鄉인 波蘭人 猶太 人 俄羅斯人 이모양으로 人 다

「不幸한 나의 故色의 市街의 各員과 또各國民

道稱을 가진 에스페란토語의 이 博士가 六歲되엇슬때에 이 露西亞帝國에 居住하는 波蘭 쓰고 疑心하고 離隔하고 民族들은 恒常 서로 猜 忌하고 疑心하고 離隔하고 獨立을 圖하엿다 異民族中에 잇엇스며 世界到處 所謂 波蘭에 帝 苦痛과 壓迫을 免하야 오직 自國民의 國語와 世界 共通語 行하는곳마다 이러 한 共通의 熱情이 잇엇던것이다 로 足하도록하자는것이다

農民들의 少年時代의 心을 激發하엿다 그러나 그 날에 各國民間에 無 이날에 連히 各民族의 子女 들의 사랑하는 이의 愛人인 자 녀들의 自由로운 交通을 障壁 다른 國民의 各員도 그리하야 自國民 과 또 다른 國民의 各員과 人情과

理想을 가진 사랑인줄을 그리라고 우리 자멘흡博士로 써 生하지는아니하나 理想을 가진 사랑인줄을 그리라고 우리 六十年生의 完

이 民族들은 恒常 서로 猜 忌하고 疑心하고 離隔하고 서로 獨立을 圖하엿다

국제어

1924년 12월 23일(동아일보)

인류가 여러 가지 언어를 가지게 된 것은 인류의 한 가지 불행이다. 언어가 각기 다르므로 다 같은 인류라는 따뜻한 정의가 통하지 않아 인류는 불필요한 다툼을 받은 것이 적지 않다. 만일 인류가 상부상조하는 정신으로 인문발전에 노력을 하였더라면 지금의 세계문명의 행보는 수백 년 전에 이루었을 것이 분명하다. 인문이 이렇게 일찍 발전하지 못한 것은 복잡한 원인이 있으나 인류 언어가 같지 않음이 그 중에 가장 큰 것이며, 지금 인도나 중국이 방대한 국토와 풍부한 부(富)를 가지고도 국가가 약한 것은 복잡한 원인이 있으나 국민 언어가 같지 않음이 그 중에 가장 큰 것이다. 그러므로 일국민(一國民)은 물론이고 전 세계 인류에 공통적인 언어가 필요하다. 대개 이 필요가 생긴 것은 바벨탑이 미처 준공되기 전 일이라 할 것이다.

2천여 년 전 선지자 세파니아(Cefaniah)는 공통어의 실현을 예언하였다고 하고 또 2천여 년 전 대학자 아리스토틀(aristotle)은 공통어의 가능을 창론하였다고 한다. 1650년경 토마스 어커트(Thomas Urquhart)가 한 가지 구체적인 안을 발표한 후 지금까지 270여 년 간에 약 200종의 국제어가 발생하였다. 그러나 초기국제어는 대개 공통기법(共通記法)이고, 공통언어가 아니니, 이렇게 실용적이지 않은 것이 성공할 리가 없다. 많은 안이 모두 실패하게 된 것이다. 이 중에 재미있는 것으로는 수자어와 음부어라 할 수 있다. 수자어는 숫자와 문자를 혼용하거나 또는 숫자와 수학 상의 부호만을 이용하여 언어와 유사하게 만든 것이니 예

學藝欄

國際語

◇人類가여러가지言語를가지게된것은 人類의一大不幸이다 言語가각기달음으로 다가튼人類로는서로뜻한情意가 阻隔되야 人類는밧지안허조흔 禍害를바든것이적지아니하다 만일人類가相扶相助하는精神으로 人文發展에努力하엿더면 現今世界文明의界線은數百年前에經過하얏슬것이 分明한일이다 人文이이러케일즉이發展하지못한것은 複雜한原因이잇스나 人類言語의區々히갓지안흠이 그중에가장큰것이며 現今印度나中國이廣大한國土와裕足한天富를가지고도 國家로弱한것은 複雜한原因이잇스나 國民言語의區々히갓지안흠이 그중에가장큰것이다 그럼으로 一國民은勿論이요今世界人類에共通한言語가必要하다 더게이必要가생기기는바벨塔이미켜成功하기전일이라할것이다

◇二千餘年前先知者세파니아(Cefaniah)는共通語의實現을豫言하얏다하고 또二千餘年前大學者아리스토틀(Aristotle)은共通語의可能을信論하얏다한다 一六五〇年비로토마스,어쿠하트(Thomas Urquhart)가 一種共通語案을發表한後 지금까지二百七十餘年間에 約二百種國際語가發生하얏다 그러나初期國際語는 여게共通記法(Pasigraphie)이요 共通言語가아니니 符標와가든實用的아닌것이成功할리업슴으로 數多한考案이모다失敗하게된것이다 이中에자미잇는것으로는 數字語와音符語란할것이다 數字語는數字와文字를混用하거나 또는數字와數學上符號만利用하야言語와類似하게맨든것이니 例를들어말하면『내가너를 사랑한다』는말이 희메리오(Tiemerio)라는數字語로는 1-80-17 이된다하고音符語는도,레,미,파,솔,라,시七種音階를利用하야 言語와類似하게맨든것이니 例를들어말하면 『나는사랑하지안는다』는말이 솔레솔(Solresol)이라는音符語[illegible]레,도,밀라시(Dore do mila[illegible]

◇一八八〇年獨逸人슐라이어 (M. Schleyer)가創製한볼라퓍(Volapük)은 國際語로一時勢力이잇섯스나그言語組織이不完全하고創製者人格이不健全함으로一時에沒落하엿스니 (vol)은英語의(world)를옴긴것이요(puk)은英語의(speak)를옴긴것이라한다 에스페란토(Esperanto)가 처음發生하엿슬때볼라퓍의失敗한經驗을바래서 世人의嘲笑가甚하엿고 『에스페란토』가 적이勢力을어든뒤에 佛蘭西人보푸롱(Beaufront) 쿠투라(Couturat)等이이도(Ido)라는것으로『에스페란토』를改良한다고自稱하엿섯다 그러나『이도』의改良은改惡이分明함으로 一時勢力잇든사람도나중에는 이를돌보지안케되엿다 『에스페란토』發生以前에百餘種國際語가잇섯고『에스페란토』發生以後에도近百種國際語가생겻스나 모다成績의볼것이업고『에스페란토』는前에『볼라퓍』의害毒을밧고 後에『이도』의打擊을입엇스나 오늘날은國際語란말을『에스페란토』가홀로 가지게되야 人類大不幸의한原因을除去할希望이생기엿스니 이는言語自體가 優秀하고 創造者人格이崇高한까닭이다 『에스페란토』는世人의아는바와가치자멘호프博士가 創案하야 一八八七年에 처음發表한것이다

를 들면 "내가 너를 사랑한다."는 말이 티메리오(Tie-merio)라는 수자어로는 1-80-17이 된다 하고, 음부어로는 도, 레, 미, 파, 솔, 라, 시 일곱 가지 음계를 이용하여 언어와 유사하게 만든 것이니 예를 들면 "나는 사랑하지 않는다."는 말이 솔레솔(Solresol)이라는 음부어로(확인 안 됨)[1]

　1880년 독일인 쉴라이어(M.Schleyer)가 창제한 한볼□□(□[2]Volapük)은 국제어로 한 때 세력이 있었으나 그 언어조직이 불완전하고 창제자의 인격이 불원만하여 한 순간에 몰락하였으니 vol은 영어의 world를 줄인 것이고 puk은 영어의 speak를 줄인 것이라 한다. 에스페란토가 처음 발생하였을 때 볼라퓌크의 실패한 여파를 받아서 세계인의 조소가 심하였고 "에스페란토"가 적지 않은 세력을 얻은 뒤에 프랑스인 보프롱(Beaufront) 쿠투라(Couturat) 등이 이도(Ido)라는 것으로 "에스페란토"를 개량한다고 자칭하였었다. 그러나 "이도"의 개량은 잘못된 개량임이 분명하므로 잠시 속았던 사람들도 나중에는 이를 돌아보지 않게 되었다. "에스페란토"발생 이전에 100여종의 국제어가 있었고, "에스페란토"이후에도 거의 100여종의 국제어가 생겼으나, 모두 성적이 보잘 것 없었고, "에스페란토"는 전에 "볼라퓌크"에 해를 입고, 후에는 "이도"의 타격을 입었으나 오늘날은 국제어라는 말을 "에스페란토"가 홀로 가지게 되어 인류의 큰 불행의 원인을 제거할 희망이 생겼으니, 이는 언어 자체가 우월하고 창제자의 인격이 숭고한 까닭이다. "에스페란토"는 세계인이 아는 바와 같이 자멘호프박사가 창조하여 1887년에 처음 발표한 것이다.

---

1) 이하 본문이 훼손되어 내용을 확인할 수 없음.
2) 본문이 훼손되어 알 수 없으나 인공적으로 만든 국제어의 하나인 것으로 예측된다.

에스페란토 국제회의개최

1925년 5월 18일(동아일보)

파리 소르본대학에서 샤루리수의장 하에 "에스페란토"어 사용에 관한 국제회의가 개최 되었는데 국제연맹 일본위원 대내(大內)씨도 출석하였다.

(보르도 15일 발(發))

에스페란토 창안자 자멘호프박사
칠십일주 탄일을 맞으면서 (1)

1930년 12월 16일(동아일보) ■ 백남규

12월 15일인 오늘은 이 세상에 새로운 빛이 나타나던 날이다. 평화의 선구자인 일대 위인이 탄생되던 날이다. 지금부터 70년 전, 구주전폭(歐洲全幅)에 약육강식의 험악한 기운이 무르익던 때이다. 그 중, 러시아 제국의 아래에서 몹시 신음하던 폴란드의 한 구석에서 인류애를 가진 사람인 "자멘호프"가 태어나 울던 날이다. 오늘날 평화를 희망하는 전 세계 인류는 우리 동지와 함께 이 날을 환희로 맞이하는 것이며 이 날을 기념하는 것이다. 이에 "에스페란토" 연구자의 일인인 나로서 부족하나마 이 날을 기회로 하여 감히 몇 마디를 적어본다.

일, 전 인류와 국제어

옛 성인은 "인류는 사교적 동물이다. 자연이 서로 친하고 사랑하는 특성을 가졌다."라고 말씀하였다. 서로 친하고 사랑하는 것이야말로 곧 인류의 본성이다. 그러나 인류는 수천 년 동안 전쟁의 비참한 역사를 계속하여온 것이 사실이다.

과연 전 세계 70억여의 인류는 자연적으로 구분되어졌다. 인종과 인종, 민족과 민족이 엄연히 대립되어있다. 이렇게 된 것은 여러 가지 원인이 있을 것이다. 그러나 지형이나 기후 등의 결과로 각각 자기의 특유한 민족성, 또는 고유표식을 가지게 된다. 구분된 요소는 먼저 피부,

「에스페란토」創案者

「와멘호쯔」博士

七十一週誕日을 마지면서

白南奎

一, 全人類와 國際語

파연全世界十七億有餘의 人類는 天然的으로 區分되어잇다 人種과 人種, 民族과 民族은 儼然이 對立되어잇다 이由來로 말하면 여러가지의 原因이잇슬것이다 그러나 그 結果로 各各自己의 固有한民族性 뜨는固有한 言語를 가지게된다 이區分된要素에어 皮膚, 毛髮, 骨格, 言語等 멋가지잇슬것이며 이中에서 皮膚의素質만으로 보아서는 亞米利加人은 黃色, 歐羅巴人은白色, 자연分類되어진것이다 더구나 言語等 細部利加人은黑色 이와가튼諸種으로分別하게된다 그런則 어느民族 勢力으로 그 이들의 形態及性質과사랑이 互相接觸할 勿論리共通化시킬수잇슬가? 이는누구나 不可能한것할 不必要로생각가 되어지는것이다 同時에 어느程度까지 어느程度까지性이잇는것이다

그런대 現在人類가 가지고잇 는 言語가 四百餘種이라한다 이 言語의 相異가 우리人類에게 開 來하는것은 얼마나 만흔것인가 우리가찰아는 客氣에 人類歷史에잇서 다시말하면 人類가그의生命 하면서 言語째문에 人類가그生命을얼마나 犧牲하게되며 人類의無窮한 保存과自然의소리 存達도 매우 어렵게되지안 는言語로외 民族間의憎忌 短氣도 얼마나 만흔가

오 늘날世上은 나날 점점 來人西로前 縮小되여 四海一家가實 現되어가지안흥가! 파면自己만 疏通할수업는것이 쇠통할수업 또다시어느가 人類의不幸이 이에人類는民族과民族사이 어느共

國際語의完全한資格을具有치못한까닭에 그만 朝生暮死 의結果를짓고말앗다 다못 「에스페란토」만이 考案되어來百餘年間에 全人類의希求속에서 現存한自然語를 中立 一律로整理하여 共通使用할만한 一個中立語案 가름 로希望하게되는것이다

모발, 골격성질, 언어 등 몇 가지일 것이며 이 중에서 피부만으로도 자연분류가 되어진 것이니 즉 아시아인은 황색, 구라파인은 백색, 아프리카인은 흑색, 아메리카인은 동(銅)색, 이와 같이 분별하게 된다. 그러면 어느 위대한 세력으로 이들의 형태나 성질을 모두 공통화 시킬 수 있을까? 이는 누구나 불가능함을 확인하게 되는 동시에 불필요하게 생각되어지는 것이다. 다만 언어만은 어느 정도까지 공통화 시킬 가능성이 있다.

그런데 현재 인류가 가지고 있는 언어가 400여 종이라 한다. 이 언어의 상이함이 우리 인류에게 초래하는 해독(害毒)이 얼마나 많은 지는 우리가 잘 아는 사실이다. 다시 말하면 언어 때문에 인류가 그 생명과 재산을 얼마나 희생하게 되며 또는 언어로써 민족 간의 혐기(嫌忌), 굴욕, 적개, 투쟁 등 여러 가지의 비참한 사실이 연출되지 않는가? 따라서 각개의 자연의 소리인 고유어의 보존 발달도 매우 어렵게 되지 않는가?

더구나 오늘날 세계는 나날이 축소되어 정말 동인서족이 서로 호응하게 되어 사해일가(四海一家)가 되어가지 않는가! 사람과 사람이 서로 접촉할 때에 자기의 의사를 소통할 수 없는 것처럼 인류의 불행이 또다시 있겠는가? 이에 인류는 민족과 민족 사이에 자기 고유어 이외에 어떠한 공통 사용할만한 일개 중립어를 저절로 희망하게 되는 것이다.

이 점에 있어 최근 300년 간 여러 선배들은 많은 고심을 하여왔다. 그러나 국제어 탄생은 인류 역사에 있어 가장 중대한 사실이다. 이는 반드시 천재적인 위인 또는 인류애를 가진 사람을 기대할 수밖에 없는 것이다. 국제어의 고안으로 말하면 300년 전 "데카르트"의 서간(書簡)으로부터 그 후 "라이프니츠"의 발표까지 백 수십 종의 연구가 나타났다. 그러나 그것들은 모두 국제어의 완전한 자격을 갖추지 못한 까닭에 그만 금방 사라지는 결과를 내고 말았다. 다만 "에스페란토"만이 고안된

뒤 4000여 년 간에 전 인류의 희망 속에서 지지되어 왔다. 감사한 일이다. 이 언어야말로 전 인류의 가슴 속에 묻혀있는 언어이다. 다시 말하면 이 말은 신어의 제작이 아니라 현존한 자연어들의 중립의 기초 위에서 정리하여 놓은 것이다.

에스페란토 창안자 자멘호프박사
칠십일주 탄일을 맞으면서 (2)

1930년 12월 17일(동아일보) ■ 백남규

이, 에스어와 "자멘호프"

이 신성한 인류애의 언어인 "에스페란토"가 세상에 발표되기는 서력 1887년 7월 6일 지금부터 42년 전이다. 이 말을 창안한 "자멘호프" (Lazaro Ludoviko Zamenhof) 선생은 폴란드 리투아니아주(州) 비아위스토크 시(市)에서 탄생하니, 때는 1859년 12월 15일이었다. 선생은 어릴 적부터 겸손하며 온순하여 큰소리를 내는 일이 별로 없고 악한 마음이 없으므로 가족이나 교사들도 항상 공경하게 대하였다. 4세 때에 벌써 천재적인 위인의 소질이 있어 읽고 쓰는 데에 능하여 신동이라 칭하였다. 6세 때 시내에서 놀 때 이민족 간에 투쟁하는 것을 보고 비참함을 느꼈다. 원래 이 시에는 러시아, 독일, 폴란드, 유태의 4개 민족이 거주하는 곳으로 물론 이 민족들은 각각 상이한 언어를 사용하여 조금도 우의적인 관계가 없었던 것이다. 이것을 보아온 그는 무엇보다도 언어의 상이함이 의사 전달에 문제를 일으켜 반목질시(反目嫉視)가 생기게 만들고, 인간이라는 관념이 없어지고 야수적 행동을 감행하게 하는 것이라고, 어린 그에게 깊은 인상을 남겼다. 이것이 그에게 공통어 연구의 동기라 한다. 11세에 시내에 있는 실과중학에 입학하여 수료한 후 16세에 "바르샤바"에 있는 고등중학에 편입되어 최상급에 있을 때 제일 처음으로 신어의 초안을 만들어 여러 학우에게 교습하였으며 세계어 탄생 축하회를 개최하니 이는 1878년 12월 5일 곧 그가 19세가 되었던 때이다.

축가의 일부를 보면 "모든 국민 간의 반목은 없어지거라. 전 인류가 함께 단결할 때가 왔다……" 그러나 잠시 아버지의 친우와 동료로부터 신어연구의 금지를 충고 받아 할수 없이 초고를 소거한 일도 있었다. 이듬해 중학을 졸업하고 "모스크바" 의과대학에 입학하여 26세에 박사학위를 얻어 그 다음해 안과의 개업을 하였고, 28세 되던 해에 비로소 국제어 "에스페란토"를 발표하였는데(이는 Esperanto, Esper는 희망의 어근이고, ant는 현재분사, 명사의 어미인데 곧 "희망하는 자(者)" 즉 세계인류의 평화를 희망하는 자라는 뜻), 28개의 자모, 970개의 어근, 16개조의 문법과 두 가지의 항(項)을 선언하고, 녹성휘장(綠星徽章)(녹(綠)은 평화, 성(星)은 희망의 상징)과 송가(頌歌, 희망가)를 이어서 발표했다. 그해에 자기의 동지인 "크라라"양과 결혼하게 되어 한층 더 에스어 운동에 조력을 얻었다. 1905년 8월 5일 프랑스의 불로뉴쉬르메르(Boulogne-sur-Mer)시(市)에서 개최된 제1회 만국 에스페란토 대회부터 시작하여 그는 매년 부인과 함께 출석했다. 그 뒤 1917년 세계대전이 아직 끝나지 않던 중 그는 세계가 영구히 평화롭기를 희망하면서 59세를 끝으로 4월 14일 수도 "바르샤바"에서 이 세상을 작별하였다. 그때 그의 옆에는 부인뿐, 그녀에게 "에스어"운동의 후사를 부탁하였고, 그의 유서의 여백에는 "죽음은 소멸을 의미하는 것이 아니다. 우주에는 어떠한 법칙이 있을 것이다. 숭고한 목적을 달성하는데 있는 것이다."라는 각서삼절(覺書三節)이 적혀 있었다.

에스페란토 창안자 자멘호프박사
칠십일주 탄일을 맞으면서 (3)

1930년 12월 18일(동아일보) ■ 백남규

삼, 조선인과 에스어

조선인아, 조선인아. 조선인도 세계인이다. 왜 그러냐 하면 지구도면에서 조선을 찾아볼 수 있는 까닭에 또는 인류역사에는 조선인의 일이 적혀있는 까닭이다. 과연 그렇다. 대 세력으로 몰려오는 세계적 사상의 조류! 할 수 없이 이를 받게 될 것이며 나날이 갈수록 국제적 생활을 하게 될 것이다. 보다 더 나아가서 세계인과 같이 보조를 맞추어야 할 것이다. 조금만 있으면 세계인과 함께 심정을 풀어야 할 것이다.

누가 지금에 있어 과거의 쇄국(鎖國) 시절을 몽상하랴마는 행여나 현재 불어오는 몰락의 슬픈 부르짖음에 낙담할까 걱정된다. 나는 새로이 용기가 생기며 꾸준히 희망을 바라고 있다. 왜 그러냐 하면 조선인도 세계인이기 때문이다. 세계인의 일인, 조선인이여. 이 부르짖음을 들을지어다. 먼저 교육장면에서 또는 운동의 길에서, 어디서든지 항상 세계인이 될 자격을, 도구를 준비해야 될 줄 안다.

돌이켜 우리의 자리를 돌아보자. 여러 겹으로 고통과 박해를 받고 있는 것이 사실이다. 더욱이 언어에 대하여 직접적으로 고통을 느끼는 것이 한두 가지가 아니다. 이제 중등학교의 교육을 살펴보건대 참으로 놀라운 현상이 있다. 잠깐 교과 과정 매주 시간표를 가지고 보자. 제 3학년에 있어 영어가 약 7시간, 일어가 약 6시간, 조선어와 한어(漢語)가 약 2시간, 합계 15시간이다. 그러면 일주일에 총 시간인, 약 30시간 중에

「에스페란토」創案者
「싸멘호뜨」博士
七十一週誕日을마지면서

白　南　奎

三, 朝鮮人과「에스」語

15시간이니까 전 과정의 반 정도가 어학시간이다. 게다가 상급으로 갈수록 영일어시간(英日語時間)이 증가되는 모양이다. 그리고 복습하는 정도를 보더라도 첫째, 어학에다 전력을 쓰게 되는 것이다. 물론 이것이 우리들에게 전혀 불필요하다는 것은 아니라 할지라도 이와 같이 4~5년간에 귀중한 생명과 재산을 소비하고 그에 대한 대가가 어떠한가 생각해보자. 고보졸업생(高普卒業生)으로서 영어대화불능은 말할 것도 없거니와 가장 간단한 "삐라" 한 쪽을 충분히 알아볼 수가 없다. 게다가 자기고유어의 사용도 불충분하게 되어버린다. 이야말로 기가 막히는 일이다. 이것이 장래 우리 조선의 일꾼을 준비하는 가장 적당한 방도라 할까! 아무리 생각하여도 걱정이다. 그러면 이것은 누구의 책임일까, 또는 누구에게 호소하여야 할 것일까. 여기에 있어서는 극히 교육 당국자의 가장 근엄한 성찰을 요구하는 바이다.

1906년 러시아인 "보나그"의 논문 중 일절을 적어보면 이러하다. "일본은 일대 제국이다. 그러나 영어의 속국이다."라는 비평이 있다. 과연 우리 조선은 무슨 어(語)의 속국인가!

내가 지금 여기에다 "에스페란토"가 학습하기가 용이하다든가 세계에 공통이 된다든가 또는 현대 문화 보급에 적극적으로 공헌이 많다든가 하는 이러한 사실을 들어 선전하자는 것이 아니다. 또는 당장 영일어(英日語)를 폐지하자는 주장도 아니지만, 다만 "에스"어의 내용에 있어서 영어학습의 오분의 일의 노력이면 이 말을 학습할 수 있을 것이며, 또는 세계의 동지와 서로 연락할 수 있을 것이며, 따라서 세계의 문화적 산물을 직접적으로 느끼고 즐길 수 있다는 말이다. 우리의 처지를 비추어 얼마나 감사할 일인가! 이 점에 있어서 나는 속마음으로 우리 청년 남녀에게 이 언어의 연구를 권고하는 것이다. 끝으로 "자멘호프" 선생의 말씀

가운데 "사람은 다만 두 가지의 말만 있어야 한다."의 한마디를 소개한다.

끝으로 금일에 있어 각지에 산재한 동지들이 부르는 송가(頌歌) "에르페로=희망"을 잠깐 적으니 이 노래만으로도 넉넉히 "에스"어의 정신을 알 수 있을 줄 아는 바이다.

"세계 속에 새 기운이 왔다. 세계에는 센소리가 간다. 순풍에 날개들이 돋아 여기저기 날아라. 자아, 피목말은 커다란 칼에게 사람들을 잡아맬 수 없네. 기리기리 싸워가는 세계 신성한 조화를 주네. 희망의 거룩한 표 아래 평화의 전사들이 모여 이 사업이 빨리 자라나네. 희망자의 노동으로 해서. 몇 천 년의 굳게 닫힌 벽에 갈려있는 사람사람 사이에, 굳은 장애인들부터 지리 거룩한 사람의 치매. 중립어의 기초 위에다 서로서로 이해하여 가네. 민중들의 동의로 된 이리 커다란 가족적인 둘레. 우리들의 부지런한 동지 평화 일에 피곤치 안하리라. 이 인류의 아름다운 꿈이 영원 축복 실현되기까지" 1930년 12월 15일 조선 에스페란토 구락부에서.

민족과 국제어 (1)

1931년 2월 21일(동아일보) ■ 장석태 역

이 논문은 "에스페란토"의 창안자 "자멘호프" 선생이 1911년에 영국 런던에서 열렸던 세계인종대회를 저술한 것이다. (원문은 "에스페란토")

조선어에 대한 인식이 부족한 현재 우리 조선인에게 어느 편으로나 각성이 있기를 바라는 동시에 국제어에 관하여서도 좀 유의하라고 한 가함을 기회로 삼아 역술한다.

경애(敬愛)하는 여러분! 당신네들의 대회의 명칭이 비록 인종대회라 하였지만 나는 이에 인종에 관해서 만이 아니라 민족에 관해서도 이야기하려한다. 원래 인종이나 민족은 다 같이 사람의 인류학적 집단을 의미하는 것으로 오직 그 범위의 대소가 있을 뿐이고, 대개는 인종 간을 지배하는 동일한 관계가 또한 민족 간을 지배함으로 어떤 인류 집단이 인종이냐 민족이냐 하는 문제가 때때로 중요하지 아니한 적도 있게 되는 것이다.

인종 간 혹은 민족 간의 투쟁은 인류의 가장 큰 불행이다. 만일 인종대회가 각 민족 간의 증오와 투쟁을 없게 하거나 적어도 이것을 좀 덜하게 할 어떤 방법을 발견할 것 같으면 이 대회는 지금까지 있던 모든 세계대회들 중에 제일 중요한 회합이 될 것이다. 그러나 이 목적을 달성하기 위해서 귀 대회가 바람같이 목적 없이 날아가 버리는 학리상(學理上) 추론에 만족한다거나 또는 저쪽을 터트려가며 이쪽을 꿰매는 쓸데없는 타협을 찾아서는 안 된다. 먼저 이 실재한 악의 원인을 발견해야하고, 다음엔 그 원인을 제거하거나 적어도 약하게 할 방법을 탐구해야 할 것이다.

각 민족 간 증악(憎惡)의 중요한 원인 혹은 유일한 원인은 대체 무엇일까?

정치적 사정 즉 우리가 국가라고 부르는 인류 집단 간의 경쟁이 그 원인일까? 아니다. 우리가 아는 바 독일에서는 독일인이, 오스트리아에서는 독일인에 대해 자연적 증악(憎惡)을 갖는 법이 없다. 동일 국내에서 태어나서 동일 국내에서 거주하는 독일인과 슬라브인과는 서로 외국인으로 대하며, 만일 그들의 인간성이 집단적 이기주의를 초월하지 못하는 경우에는 서로 증오하며 투쟁까지도 하지만, 출생과 거주를 각나라에서 하는 독일인 간에는 서로 동정을 갖는 법이다. 그렇게 생각하면 국가의 존재가 민족이나 민족 간 증악(憎惡)을 창조하는 것은 아니다.

한글 자형에 대한 과학적 일고찰 (하)

1931년 10월 30일(동아일보) ▪ 김석곤

이, 개별적 관찰

ㄱ, 이 소리는 목젖으로 콧길을 막고 혀뿌리를 높이어서 여린입천장 뒤쪽에 닿아 입길을 꽉 막았다가 나오는 숨으로 이를 터지고 내는 소리니 그림으로 소리 내 틀과 글씨꼴과 비교해 보이면 다음과 같다.

ㅋ, 이 소리는 ㄱ에 ㅎ소리가 거듭하여 나는 소리이므로 ㄱ에 한 획을 더하여 만든 것이다.

ㆁ, 이 소리는 ㄱ소리 낼 때와 같은 꼴을 하되 숨이 콧구멍으로 빠져나는 소리이므로 한 획을 덜어 만든 것인데 ㅣ만 쓰면 홀소리의 ㅣ와 서로 섞갈리겠으므로 ㅣ의 끝을 꼬부리어 만든 것이라 생각한다.

ㄷ, 이 소리는 목젖으로 콧길을 막고 혀끝으로 윗잇몸에 닿아 입길을 꽉 막았다가 목에서 나오는 숨으로 입길을 터지고 내는 소리니 그림으로 소리 내 틀과 글씨꼴과 비교해 보이면 다음과 같다.

ㅌ, 이 소리는 ㄷ에 ㅎ소리가 거듭하여 나는 소리이므로 ㄷ에 한 획을 더하여 만든 것이다.

ㄴ, 이 소리는 ㄷ소리 낼 때와 같은 끝을 하되 코로 숨이 빠져나는 소리이므로 한 획을 덜어서 만든 것이다.

ㅂ, 이 소리는 목젖으로 콧길을 막고 두 입술로 입길 문을 꽉 막았다가 입술을 탁 터지고 내는 소리이니 그림으로 소리 내 틀과 글씨꼴과 비교해 보이면 다음과 같다.

ㅍ, 이 소리는 ㅂ에 ㅎ소리가 거듭하여 나는 소리이므로 한 획을 더

하여 만든 것인데 한 획을 둘로 나누어 ㅐ 이렇게 만든 것인데 보기에 거북하므로 가로 놓아 ㅍ이렇게 만든 것이다.

ㅁ, 이 소리는 ㅂ소리 낼 때와 같은 꼴을 하되 코로 숨이 빠져나는 소리이므로 한 획을 덜어서 만든 것이다. ㅂ위에 나온 두 획은 반 획씩 이므로 둘 다 덜음.

ㅈ, 이 소리는 목젖으로 콧길을 막고 혓바닥으로 센입천장에 닿아 입 길을 막았다가 내어쉬는 숨으로 입길을 터지고 내는 소리이니 그림으 로 소리 내 틀과 글씨꼴과 비교해 보이면 다음과 같다.

ㅊ, 이 소리는 ㅈ에 ㅎ소리가 거듭하여 나는 소리이므로 한 획을 더 하여 만든 것이다.

ㅅ, 이 소리는 ㅈ낼 때와 같은 꼴을 하되 혀와 입천장 사이로 빠져나 는 소리이므로 한 획을 덜어서 만든 것이다.

ㆆ, 이 소리는 이제 우리가 그 바른 소리를 낼 수 없으나 ㅎ와 ㅇ에 비교해 보건대 목청을 좁히어 숨을 입천장에 닿아 내는 소리인 듯하니 그림으로 소리 내 틀과 글씨꼴을 비교해 보이면 다음과 같다.

ㅎ, 이 소리는 ㆆ보다 센소리이므로 한 획을 더하여 만든 것 같다.

ㅇ, 이 소리는 아무대도 닿지 아니하고 목청에서만 나는 소리이므로 ㆆ에서 한 획을 덜어 목청만 그리어 만든 듯하다.

ㄹ, 이 소리는 혀끝을 윗잇몸에 살짝 닿았다가 떼면서 목에서 나오는 소리를 훑어 내는 소리이니 그림을 그리어 소리 내 틀과 글씨꼴과 비교 해 보이면 다음과 같다.(그러나 ㄹ이, 받침으로 그칠 때는 ㄹㄹ로 냄이 예사 다.)

ㅿ, 이 소리는 ㅅ소리를 낼 때와 같은 꼴을 하여 목청소리를 띠어서 내는 소리이므로 한 획을 더하여 ㅿ라 만든 것이다.

(나) 홀소리

(1) 통괄적 관찰

홀소리는 모두 다음과 같은 공통점을 가졌으니 곧 입을 벌려 내는 소리는 ㅣ획이 서로 같고, 입을 오무려 내는 소리는 ㅡ획이 서로 같다.

표로써 보이면!(표는 옆 원문 참조)

그리고 또 한 가지 공통점이 있으니 터전이 되는 소리에 ㅣ소리가 먼저 거듭하여 나는 소리에는 한 획을 더하여 만들었으니 표로써 보이면 다음과 같다.(표는 옆 원문 참조)

(2) 개별적 관찰

ㆍ, 이 소리는 입을 굳이 벌리지도 않고 오무리지도 않고 내는 소리이니 입을 벌리는 보람 ㅣ도 아니고, 오무리는 보람 ㅡ획도 아니다.(ㆍ소리가 만국음표문자(ㅋ)소리와 같다는 증명은 조선일보에 이미 발표하였다.)

ㅡ, 입을 조금 오무리고 내는 소리다.

ㅣ, 입을 조금 벌리고 내는 소리다.

ㅗ, 입을 중간쯤 오무리고 내는 소리인데 소리가 아래로 내려오는 듯한 느낌을 주는 소리이므로 ㅡ획을 밑에 두었다.

ㅏ, 입을 가장 크게 벌리고 내는 소리인데 소리가 밖으로 나아가는 듯한 느낌을 주는 소리이므로 가로 그은 획을 밖에 그렸다.(이것은 이를테면 "가"와 같은 글씨를 볼 때에 가로 그은 획이 밖에 있음을 알 수 있다.)

ㅜ, 이 소리는 입을 가장 작게 오무려서 내는 소리며, 위로 올라가는 듯한 느낌을 주는 소리이므로 ㅡ획을 위에 두었다.

ㅓ, 입을 중간쯤 벌려 내는 소리인데 소리가 입안으로 들어가는 느낌

을 주는 소리이므로 가로 긋는 획을 안에 둔 듯하다.(이것은 이를테면 "거"와 같은 글씨를 볼 때 가로 그은 획이 안에 있음을 알 수 있을 것이다.)

ㅛ, ㅣㅗ의 거듭소리이므로 ㅗ에 한 획을 더하여 만든 것이다.

ㅑ, ㅣㅏ의 거듭소리이므로 ㅏ에 한 획을 더하여 만든 것이다.

ㅠ, ㅣㅜ의 거듭소리이므로 ㅜ에 한 획을 더하여 만든 것이다.

ㅕ, ㅣㅓ의 거듭소리이므로 ㅓ에 한 획을 더하여 만든 것이다.

위에 만한 바와 같이 우리 한글은 가장 과학적으로 만들어졌다. 말에 있어서는 "에스페란토"와 같은 말이 가장 과학적이고 규칙적이며, 글씨에 있어서는 우리나라 한글이 가장 과학적이고 규칙적이라 할 수 있다.

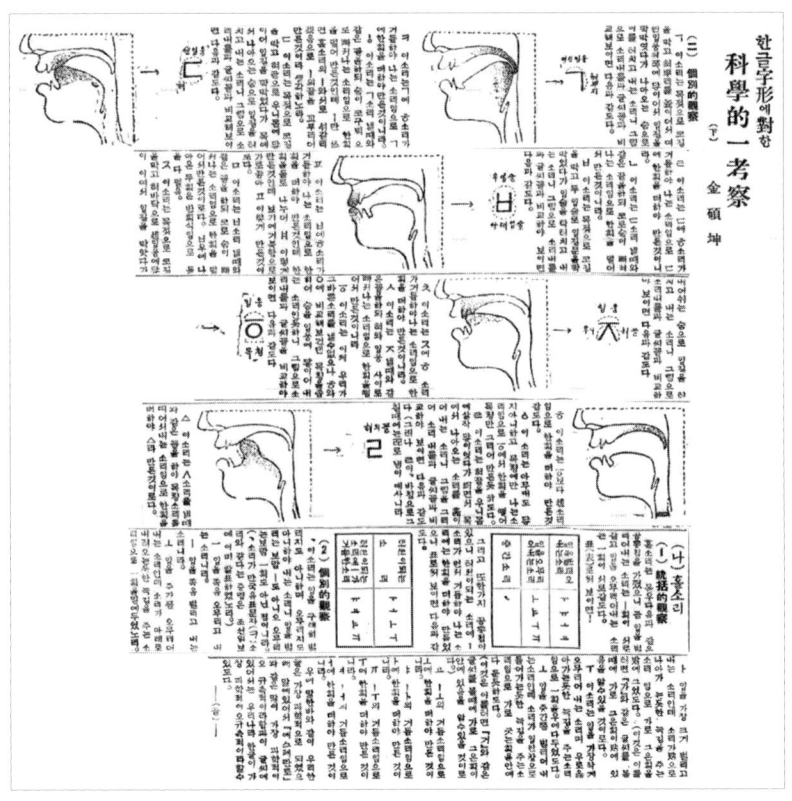

에스페란토 시집 [인생의 겻을 지내며] (Preterlavivo)

1931년 11월 9일(동아일보) ■ 김안서

이 책은 에스페란토 원작 서정 시집이다.

시가와 언어라는 시가가 언어예술의 정화인 것만큼, 가장 밀접한 관계가 있기 때문에 먼저 에쓰어가 시가의 용어로 상당한 가치로의 능력이 있는가 없는가 이것을 생각하지 않을 수 없다. 우리 에스페란토들에게는 이러한 것이 조금도 문제가 되지 않지만, 비 에스페란토들에게는 적지 않은 의문일 것이다. 더구나 같은 에스페란티스토들 중에도 초기의 사람은 이러한 의문을 가지기도 하였으니, 일반 대중에게는 의문이 없는 것이 오히려 의심스러운 일이다.

"라 퐁텐(Jean de La Fontaine)"의 운문 "우화집"을 "벨랑"이라는 시적 소질 없는 사람이 에스어로 산문역(譯)을 해놓고 그 책 서문에다 "에스어로 프랑스 운문을 이식하려는 것은 사현금(四絃琴)에 맞추어 작곡한 것을 이현금(二絃琴)으로 타는 것과 마찬가지이다." 하면서 스스로 자신의 재능이 부족한 것은 생각하지 않고, 그 죄를 에스어에다 전가시키려고 할 때, 당시에 노숙(老熟)한 솜씨가 있을 뿐아니라 에쓰어 시형(詩形)을 확립시켰다고 할 만한 시인 "그라보우스키"가 말이 되느냐고, 분명히 "두 줄 가진 칠현금(七絃琴)"이라는 실제의 시작을 들고 일어서서 "벨랑"의 말이 전부 근거가 없다는 것을 설파하고 나아가서는 에스어가 시가의 용어로 어떠한 자연어보다도 가장 완전한 가치가 있는 것을 실례의 시작(詩作)으로 증명해 놓은 것은 지금 보아도 통쾌한 일이거니와, 만일 그때 이 시인이 잠자코 있었던들 에스어는 애매한 죄를 쓰고 시적 용어로의 가치가 없다는 것을 감수하게 되었을는지도 모른다. 이만하면 에스어가 시가의 용어로 적당한지 아니한지는 짐작할 수 있을 것이다.

만일 아직도 에스어의 표현능력을 의심하는 사람이 있다면 나는 그러한 이들에게 이 시집 "인생의 겻을 지내며" 한 권을 보여주고 싶을 뿐이다. 그 표현능력이 미묘한 굴곡과 생명을 표현하는 모습은 누가 보던지 쉽게 알 수 있을 뿐만 아니라, 새삼 놀라지 않을 수 없을 것이다. 이러한 언어처럼 재능 있는 작가의 자유로운 구사 능력에 따라 그 미와 힘과 강약 등의 갖은 활약을 보여 주는 것은 없다. 만일 에스어의 고유한 정신과 생명이 없었던들 이러한 표현능력은 볼 수가 없는 것이다.

이 시집의 작가 "줄리오 바기(Jiilio Baghy)"는 약소국의 하나인 "헝가리" 사람인데 이에 대한 우리의 흥미도 적지 않다. 시, 소설, 평론으로 에스어 현재 문단에서 일류의 지위를 가진 작가이다. 시집, 소설의 단행본이 6~7종 된다. 같은 "헝가리" 에스어 시인인 "칼로츠싸이" 라는 이가 있어 에스어 현 시단(詩壇)의 두개의 별이라는 것을 생각하면 이상한 인연이다.

이 시인이 구주대전(歐洲大戰) 때에 출전했다가 포로가 되어 "시베리아"에서 갖은 고생을 여러 해 하다가 돌아간 것처럼 이 시집 "시베리아"편에는 북국의 비참한 냄새가 감정을 찌르는 것은 우연한 일이 아니다. 이 시집의 제재(題材)로는 잔혹한 전쟁의 도살, 전율하지 않을 수 없는 인생고(人生苦), 인생의 쓰라린 운명, 억누를 수 없는 향수의 눈물겨운 마음, 검은 구름이 깔려 있는 겨울 하늘과 하얀 눈들 위를 눈보라에 쌓여 헤매는 무숙자(無宿者)의 노래, 빈궁과 비참, 인류의 뜨거운 불길, 현대 자신의 모순과 갈등, 꼭두각시 같은 가벼운 "유모어". 이러한 것들이 서정적으로 고이고이 읊어지어 자신도 모르게 불의에 대한 분노와 수심과 고소와 감미를 금할 수 없게 된다. 그리고 읽어가는 동안에는 무심결에 이렇게도 언어란 작가의 감정을 그대로 담을 수가 있는가 할 만큼 이 시인의 용어는 묘하다. 이리하여 질과 양적으로 상당한 내용인 70여 편의 시가에 무한한 감동을 받게 되니 시가는 읽는 것이지 말하는 것이 아니라는 느낌을 금할 수가 없다. 그 중에 사랑을 노래한 것 같은 것은 절창이다.

일정한 시형에다가 자유자재인 언어! 이것만으로도 시를 사랑하는 사람의 마음을 넉넉하게 할 수가 있는 것이다. 만일 여기에 시미(詩美)로의 그 모습이 담겼다면 그야말로 허물없는 진주이다. 갈데없는 완벽이다. 그러나 나는 진미(眞味)니, 완벽이니 하는 눈 가리고 아웅 하는 수작 같은 말은 하고 싶지 않다. 다만 원문 그대로 읽을 수 있는 사람들에게 한번 읽기를 권할 뿐이다. 이 시집이 가진 가치를 알게 될 것이며, 또한 정형시의 아름다운 음조도 얼마 정도는 짐작할 수가 있을 것이다. 시가란 이러한 것에 말할 수 없는 묘미가 있는 것이다. 그렇기에 시가의 번역은 무가치한 일이다. 더구나 음조를 고려한 정형시를 정돈되지 못한 시형(詩形)에 옮기는 것은 잔혹한 일이다. 이것이 시가란 음조를 떠나서는 그 미묘한 것을 들을 수 없는 점이다.

원문을 모르는 독자를 위하여 원문에서 엉성하게나마 몇 편 뽑아서 보여드리는 것이 소개자의 의무라 한다면, 나는 이 시집에서 "추억"이라는 시의 생명을 빼앗아버리고 그 송장을 제공하겠다.

"추억이여, 그대는 운명이 두드려 부순 이맘을 승냥이처럼 과거의 이빨로써 물어뜯으며 이 몸을 이리도 괴롭히는가.

추억이여 그대는 낡은 만돌 린, 녹슨 줄로 소리도 없이 눈물겨운 곡조를 끊기지 아니하고 다시금 타주느냐.

추억이여 그대는 심술궂은 거울, 불쌍하다는 생각도 없이 사람과 행동을, 이제는 쓸데도 없는 그 광경을 무어라고 비춰주는가.

추억이여 그대는 빈욕(貧慾)에 눈이 어두운 빚쟁이, 이리도 괴롭게 빚 채근을 말고 안심을 하라……때가 되면 마지막 맥박으로 나는 그대의 빚을 갚고 떠날 것을."

내가 옮겨 놓은 이 큰 뜻은 시도 무엇도 아무것도 아니고, 원래의 시만큼 못쓰게 허물을 낸데 지나지 않는다. (내 자신의 시가 될지는 모르나 기회를 보아 옮겨보려고 한다.)

세계어의 국제화 – 헝가리우편의 에스어공용

1933년 6월 25일(동아일보)

　수년 전에는 그단스크 자유국에서 "에스페란토" 설명부로 관제회(官製繪)엽서를 발행하고, 소비에트 연방에는 오십여 종이나 되는 우편출판물에 지방어와 "에스페란토"로 설명을 첨부하였으며, 리히텐슈타인 공국에서는 1929년 이래로 유람을 유인할 목적으로 발행하는 관제엽서에 "에스페란토"를 사용하였는데, 그 나라의 조사에 따르면 이 에스페란토의 시험적 사용이 완전한 성공을 거두었다고 하더니, 지금 헝가리의 우편이 이 예를 따라 16매 1조[1]의 회엽서를 발행하였다. 16종 그림에는 헝가리어와 프랑스어, 만국우편공용어 및 "에스페란토"로 설명이 있다. 그 엽서들은 회화로 보기에 나무랄 곳이 없고 인쇄기술의 정교함이 보는 사람을 매료되게 만든다. 이 엽서들은 외국에 있어 헝가리를 선전하는 도구가 될 것은 물론, 차차 다른 나라에서도 모방할 것은 의심 없는 일이다.

---

1) 묶음과 같은 말

올림픽과 방언 에스어를 이용하자고

1935년 4월 21일(동아일보)

올림픽의 주최국을 언제나 두통스럽게 하는 것은 언어의 문제인데 그 중에도 일본, 중국, 발칸반도의 모든 국가, 핀란드, 폴란드, 네덜란드, 서반아 등 언어가 아주 다른 나라가 한자리에 모이는 것이라 여간 불편할 뿐만 아니라 다른 나라끼리의 선수가 서로 마주 대해도 말이 통하지 않아 감정의 표현이 되지 않으므로 모처럼의 스포츠 외교도 그 효과를 발휘하지 못하는 경우가 많다.

그리하여 이에 생각한 것이 독일의 올림픽위원회에서 이번 올림픽에서는 만국공통어인 에스페란토를 이용하여 보면 어떤지 계획하고 있다. 좀 열심히 공부하면 30시간쯤이면 통할 수 있다는 데서 우선 독일의 에스페란토 협회에 의촉하여 곧 올림픽 참가국에 에스페란토 연구를 제창하기로 하였다고 전한다. 그리고 장래에는 에스페란토를 국제 스포츠 공용어로 쓰고 싶다고까지 한다.

에스페란토를 필수과목으로

1935년 7월 6일(동아일보)

에스페란토어를 소학교의 필수과목으로 하라는 법안이 이번에 급진 사회당의 대의사(代議士) 모리스 로랑씨에 의하여 프랑스 하원에 제출되었다. 로랑씨는 이 법안에 관하여 말한다. "교통통신 모든 기관의 발달 중 라디오의 보급에 의하여 금일 세계어는 절대로 필요하게 되었다. 라틴어는 중세, 프랑스어는 17~8세기에 각각 중요한 국제적 역할을 하였지만, 그것도 극히 국한된 범위였다. 현재 라틴어의 부흥을 기도하는 사람도 있지만, 라틴어는 과거의 문명, 사회 상태와 불가분의 관계에 있으나 이는 너무도 습득하기 곤란하다. 라틴어로 사무용 서간을 쓸 줄 아는 학자가 오늘날 몇이나 있는가. 그렇다고 영어, 독어, 불어 같은 국어를 세계어로 할 수도 없다. 그 국어를 사용하는 국민만이 많은 이익을 얻게 되기 때문이다. 에스페란토는 현재 세계 수백만 사람에 의하여 사용되고 있고, 라틴어와 기타 각종 현대어에 비하여 습득하기 극히 쉽다. 자멘호프박사에 의하여 에스페란토어가 발명된 이래 46년 간 세계의 명저 전적(典籍) 약 오천책이 이미 에스어로 번역되어 있다.

에스페란토 금지령 - 나치스 독일의 탈선적 행동

1935년 8월 14일(동아일보)

1.

베를린의 최근 통신에 의하면 나치스 독일에서는 또 한 가지 이상한 행동을 취하게 되어서 세인의 이목을 놀라게 하였다고 한다. 에스페란토어를 독일에서는 사용과 교습 모두를 엄금하기로 하고 문부성령(令)으로 그것을 공시하였다. 에스페란토어와 같은 인조어는 국수 사회주의 독일에 있어서는 용납할 여지가 없으니 그것을 사용하고 교습하는 것은 국가의 통일을 저해한다는 것이 그 금지의 이유였다.

2.

에스페란토는 누구나 다 아는 바와 같이 1887년에 폴란드의 안과의사 루드빅 자멘호프씨에 의하여 발표된 국제어이니 저자의 본의는 각 국민이 각기 자국어는 그대로 보유하면서 서로 이해의 편이에 공헌하자는 것이었으니 그것은 결코 각 국문의 기성국어를 파괴하자는 것이 아니었다. 근대에 와서는 어느 민족이고, 국가이고 간에 그 자체 안에서만 들어있어서는 그 생활을 충족할 수 없는 것이고, 반드시 타 민족, 타 국민과의 접촉이 있게 되는데, 거기에는 언어의 장벽이 있어서 그 사이를 소통하기가 매우 곤란한 바 있다. 부득이하게 한 민족, 한 국민은 타 민족, 타 국민의 언어를 배우게 되는데, 그것은 결코 쉬운 일이 아니어서 실로 근세 교육의 두통거리가 되는 것이니 거기에 대한 편리한 방법을 발견하였으면 좋겠다는 희망과 요구는 세계문명인에게 공통되는 것이었다.

3.

에스페란토어는 그 목적에 알맞는 것이니 16원칙으로 된 자멘호프의 헌법은 참으로 간단 명료한 것이어서 학습하고 사용하기가 가장 편리하게 되어 있는 고로 발표된 후 약 반세기 동안에 급속한 발전을 보게 되어 지금에는 국제 에스페란토협회 본부를 스위스 수도에 두고 세계 각지에 산재한 에스페란토협회는 삼천정도의 수가 되었느며, 그 회원 수는 수천만인에 달하게 되었다. 그 회원들은 일정한 휘장을 패용하고 세계 어디를 여행하던지 서로 돕게 되어있다. 지금 국제적으로 무선전신과 무선전화가 발달되어 있으며 비행기, 비행선 등의 통행이 빈번하게 되어서 교통을 돕는 것과 같이 이 에스페란토어의 보급이야말로 세계를 가속적으로 접근하게 하는 것이고 다라서 각 국민 상호 간의 이해를 깊게 하는 것이니 아주 많은 이익이 있는 것이라고 하겠다.

4.

그런데 그것이 지금 나치스 독일에 의하여 국가의 통일을 저해한다는 이유로 금지되었다는 것은 이해가 되지 않는 일이라고 하지 않을 수 없는 것이니 그들은 얼마 전에 현대 의학이 유태인의 의학이라고 하여서 그것을 배척하자고까지 한 일도 있었던 것을 합하여 생각해 보면 이번의 탈선적 행동도 그들로서는 도리어 당연한 일이라고도 할까? 외국인의 것이라고 해서, 타 종류의 것이라고 해서 배척하자면 영어도 배척해야 할 것이고, 불어도 배척해야 할 것이고, 라틴어도 배척해야하고, 예수교까지도 배척해야 하지 않겠는가? 나치스 독일의 탈선적 행동은 참으로 기괴하다고 하지 아니할 수 없다.

에스페란토禁止令

—나치스獨逸의 野蠻的行動—

一

伯林의 最近通信에 依하면 나치스獨逸에서는 또 한가지 奇怪한 行動을 取하게되어 世人의 興味를 끌게되엇다고 한다. 에스페란토 獨習者는 그事件과 敎授를 다 嚴禁하기로하엿고交戰省令으로 그것을 公示하엿다. 에스페란토는 國際社會가 되어야할 人道主義的의 基礎에 잇어서는 容赦할餘地가 업섯으니 그것을 使用하고 敎授하는것은 國家의缺陷을 關聯한다는것이 그禁止의 理由이엇다.

二

에스페란토는 누구나 다 아는바와같이 一千八百八十七年에 波蘭의 眼科醫인 루도빅·사멘호프氏에依하야 發表된 國際語이니 著者의本意는 各國民이 各其自國語는 그대로 保有하면서 互相理解의 便에 供하자는 것이엇으니 그것은 곳 各國民의 既成國語를 破壞하자는것이 아니엇다. 또 에스페란토를 使用하야 世界各地에 敎在한 에스페란토會員들은 三千餘萬人에 達하게되엇다. 그會員數는 一定한 旗章을 世界的으로 使用하고 世界各地에서는 互相扶助하게되어잇다. 지금 國際的으로 無線電信이 發達되어 無線電話까지가 飛行, 飛行船等의 通信에 使用되어 各國家的의 邊境을 超하야 交通宣傳는 極히 容易하게 되엇스니 이 行이 國家의邊境을 超하야 世界를 加增의 發達을 促할것이오 따라서 各國民互相間의 理解를넓

三

에스페란토는 그月前에 連盟이 十六個國으로된 사멘호프의形言은 참으로 簡明하엿으며 學習하기가 가장 便利하게 되엇으니 그것은 世界의 文明人에게 共通되어 있는故로 世紀半世紀 동안에 農業이나 發達되여진後 農商工部에 普及되어 가지고 學習하기가 가장便利하게 되엇다는것이니 그것을 破斥하고 禁止한다는 것은 世界文明人에게 共通되는것이라 發達하였으면 現代開化教育의 큰일이니 容易한 일이 아니어서 實로 近世敎育의 큰일인 所謂人의 哲學이라고 하여 便利하게 되엇으니 그것을 便利하다는것이 世界文明人에게 共通되는것이라.

四

그런데 그것이 지금 나치스獨逸에依하야 國家의缺一을 關聯한다는 理由로 禁止되었다는것은 不可解의일이라고 하지아니할수 없는것이니 그들은 猶太人의哲學이라고 하며 排斥을 하지하고 까지않일 排斥하여야 하고 예수敎까지도 排斥하여야하고 排斥이라고 하여서 排斥도 하고 排斥하여야할 排斥이라 라틴語도 排斥하고 猶太의戰線的의動을 그로써보면 속칼의 道理어 외것이라고도 할가? 外國의것이라고 하여서 他種類의것이라고 하야서 他種類의것이어 自然히 英語도, 排斥도 하여야하고 佛語도 排斥하여야한다.

그것이 지금 나치스獨逸에依하야 國民的의體驗이 맥히고 活을 그들과의 距離를 疏遠하기가 매우 困難한때에 거기 예는 言語의 疎通이 잇어서 그사이 當, 不得已 一民族, 一國民은 他民族, 他國民의 言語를 學習하게 되는데 그것은 곳 容易한일이 아니어서 實로 近世敎育의 큰일이니 容易한일이 아니어서 그것을 破斥하고 까지않일 便利하게 되엇으면 現代에 도 있엇던것을 合하여 생각하여 보면 可解할일이라고 하지아니할수 있는것이라 百利가 있는것이라 어잇어가지고는 그生活을 充足할 수없는것이고 반드시 他民族, 他國民과의接觸이 잇게되는것이고 活것이다.

나치스 독일의 폭압! 에스어를 금지!

1935년 8월 14일(동아일보)

국제어로서 성황리에 보급되어 있는 에스페란토어는 최근 나치스 독일에서는 그 사용 및 교습을 엄금하기로 결정하여 이번에 문부성령(令)으로 그것을 공시하였다.

그 이유는 에스페란토어와 같은 인조어는 국수 사회주의국 독일에 있어서는 이것을 용납할 여지가 없다는 것이다. 이것을 사용하고 교습함은 국가 통일을 저해하는 것이라는 것이 그 금지의 이유이다. 나치스가 이와 같은 비문화적 조치에 에스페란토의 창시자 자멘호프교수는 지하에서 비웃을 것이다. 이렇게 나가다가는 독일어 이외 영어, 불어 등도 점차 금지되지 아니 할까 하는 사람도 있다.

1.

이 12월 15일은 에스페란토(국제공통어)의 창안자인 자멘호프박사의 탄생 75주 기념제일이다. 자멘호프박사는 1859년 12월 15일 당시 러시아의 지배하에 있던 폴란드의 작은 도시 비아위스토크에서 폴란드인을 부모로 하여 태어났다. 자멘호프박사는 계단적으로 중학을 거쳐서 1879년에 모스크바 대학에 입학하고 다시 1884년에는 바르샤바 대학 의과에 입학하여 안과의학을 전공하였다.(그리고 1917년 4월에 영면) 그가 맨 처음으로 에스페란토를 창안하려고 한 동기는 즉 이러하다. 자멘호프씨의 고향인 비아위스토크에는 러시아인, 폴란드인, 독인인, 유태인의 4개민족이 거주하고 있는데 그들의 상호 간에는 언어, 풍속, 습관 등이 전여 같이 않은 까닭에 모든 일에 대해 자연히 이해가 적으며 충분한 이해가 없는 관계로 항상 민족 간에 불미한 반목질시가 계속하여 강등이 끊이지 않게 되었다. 그러므로 자멘호프씨는 그들 사이에 충분히 의사를 소통할만한 공통어가 필요하다는 것을 느끼게 되어 비로소 세계공통어를 창안하기로 결의하게 되었다. 그리하여 자멘호프씨는 다년간 힘든 연구 끝에 1887년 6월에 에스페란토를 공표하게 되었다.

2.

세계 어느 나라 사람이든지 반년 내외 시일의 노력으로써 학습하여 충분히 의사소통을 할 수 있는 에스페란토의 가치에 대하여는 이미 세인의 정평이 나 있는 바이므로 굳이 여기서 더 언급할 필요도 느끼지 않거니와, 국제공통어의 필요는 누구나 다 느끼게 되는 바이다. 더욱이 금일과 같이 소란한 세계에서는 쉽게 의사소통할 수 있는 에스페란토의 필요는 세인으로 하여금 한층 더 절실히 느끼게 하는 바이다. 금일의 동서대륙의 각국 상호 간의 분란이 속출하는 것은 물론 각기 경우가 달라서, 혹은 정치적, 혹은 경제적의 이유가 모두 상당할 것은 사실이다. 그러나 분란의 씨가 되는 것은 정치적, 경제적 이유라는 것도 각 민족 상호 간에 의사소통이 원활하게 된다면, 그 정치적, 경제적 갈등도 어느 정도까지는 상호 양보, 타협하여 어지간한 분란은 미연에 방지할 수가 있을 것이다. 그러나 각 민족 상호 간에 의사가 충분히 소통되지 못하는 까닭에 사소한 이해의 상반도 때로는 침소봉대적으로 오해되는 일이 때때로 없지 않는 바이다.

3.

이렇게 생각해 본다면 에스페란토는 우리 인류에 대하여 많은 이익이 있을지언정 전혀 해가 없다고 할 수 있다. 사실이 그러함에도 불구하고 금년 가을(8월경) 나치스 독일에서 에스페란토의 독일 내 사용과 교습을 엄금한 것과 같은 것은 아무리 좋게 해석하려 해도 독일 위정자의 너무도 편협한 행사라고 하지 않을 수 없다. 끝으로 이번 자멘호프 박사 탄생 제 75주의 기념제에 제(際)하여 내가 기대하는 바는 에스페란토가 좀더 세계적으로 보급되어 각 민족 상호 간의 의사소통에 충분한 기능을 발휘하도록 되기를 바라는 것이다.

國際共通語의意義

一

이 十二月十五日은 에스페란토 (國際共通語)의 創案者인 사멘호 프博士의 誕生七十五週 記念祭日 이다. 사멘호프博士는 一八五九 年 十二月十五日 當時 帝政露國 의 支配下에있든 波蘭의 小市 비 엘로스토크에서 誕生한것이다. 사멘호프博士는 當時 設 하야 猶太人 父母의 間에서 生 出한것이다. 더욱이 世界에서 할수있는 하여금 하야 모스크바大學에 入學하야 一八七九 年에 모스크바大學에 다시 一八八四年에는 와르소大學에 醫料에 入學하야 眼科醫學을 專 攻하였다. (그리고 一九一七年四 月에 永眠하고 말엇음으로 에스 페란토들 創案하려고한 動機는 여러가지로 波蘭人의 四個民族의 相互間에 의러러하다. 사氏의 故鄕인 비 엘로스토크에는 露西亞人, 波蘭人, 露太人, 獨逸人의 四個民族이 雜居하고있는데 그들의 言語, 風俗, 習慣들이 各各相 異하고 또 모든일에 對하야 互不相 容하여 反目嫉視가 繼續하야 不幸한 關係로 恒常 있 없는것이였다. 有識四民族間에 充 然히 理解가 적으며 그러나에 未然에 防止할수가 있을것이다. 獨한 意思의 疏通될만한 共通語가 必要되어 비로소 世界에 다는것을 느끼게되어 비로소 世界에 없지안는 바이다.

나치스독일의 미망(迷妄)

1936년 1월 31일(동아일보)

1.

에스페란토어를 금지하며 올림픽 대회에 유태인의 참가를 금지하는 등 등 여러가지 탈선적 행동을 감행하여 세인의 이목을 놀라게 한 나치스 독일은 이제 백인 우월론을 주창하여 세계에 큰 충동을 일으키고 있다. 독일은 작년 3월 16일 소위 폭탄선언을 하여 베르사유 평화조약의 구속을 무시하고 군비정돈의 계획을 진행하고 있는 바, 그 상실하였던 영토를 회복하고 그 식민지를 재획득하려고 하는 것은 세인이 다 아는 사실이다. 그들이 이러한 요구를 제출하기에 급급하기 때문에 앞 뒤 돌아볼 것 없이 기괴한 행동을 감행하는 것은 애석한 일이라고 하지 않을 수 없다. 그들은 미구(未久)에 구 영지의 반환을 인민투표에 의하여 결정하려고 한다는 바, 그것이 인민의 총 의견이라는 점에 있어서 독일의 현 당로자들은 인민의 지지를 확보하였다는 것을 과시하려고 하는 것이다. 어느 국민이고 간에 그 상실하였던 영토를 다시 찾겠다는데 대하여 이의를 삽입할 수는 없을 것이니 거기에 대하여 국민이 한 사람이라도 반대 의사를 표시할 수는 없을 것이다.

2.

나치스 독일은 이 자명한 사건을 인민투표에 결부함으로 인하여 국내적으로는 강경한 태도를 더욱 공고히 하고, 따라서 세계열강을 향해 그 의사를 표시하여 일종의 시위를 행하는 것이다. 요컨대 그들이 지금 구 영지 회복에 열중하고 있는 것은 사실이라 하겠다. 그런데 구 영지의 회복에 열중하고, 따라서 식민지의 반환을 열망하는 그들은 백인종은 타인종을 지배할 운명적 관계에 있는 것처럼 맹신하는 것이다. 독일총통 히틀러씨는 26일 프랑크푸르트에서 개최된 독일 대학생 나치스대회에서 구주(歐洲)는 식민지의 자원을 필요로 할 뿐만 아니라 백인종은 영웅적 인생관에 의하여 식민지통치의 운명을 가지고 있다는 것을 고조하였다. 식민지에 만일 자치를 허락하면 백인종에 대하여 그들은 인연을 끊을 것이라고 하였다. 히틀러총통의 이러한 견해는 지금에 시작된 것이 아니라 세계대전 전에 있어서 빌헬름 2세가 벌써 전개한 것이니 독일 황제의 저 유명한 황화론(黃禍論)은 아직 세인의 기억에 새로운 바이다.

3.

히틀러총통의 이 언명은 무솔리니씨가 에티오피아국을 야만국이라고 단정하여 마치 이탈리아가 그를 지배할 천명이나 받은 것 같이 떠들어 대고 있는 것과 동일한 것이니 그는 이와 같이 하여 구주열강으로 하여금 그 식민지 반환요구에 대한 태도를 유리하게 인도하려고 하는 의도일 것이다. 그러나 이것은 어느 편으로 보든지 망상이라고 하지 아니할 수 없는 것이니 이탈리아의 이러한 말에 영국이 움직일 수 없고, 독일의 이러한 망동(妄動)에 대하여 프랑스가 동의할 수 없는 것이고 또 비백인종 전체의 악감정을 사게 될 것이니 그는 참으로 망상이라고 하지 아니할 수 없다. 아무리 완강한 나치스지만 그 언명의 영향이 심대할 것을 고려하여 그를 부인하는 비공식 성명을 발표하게 되었으니 카이젤, 무솔리니, 히틀러 등은 필시 동일한 범위의 인물이고 그들의 어리석음을 어찌 가르쳐야 하겠는가? 백인종의 강대함을 말하는 것은 옳겠지만 그들의 숙명적 우월을 말하는 것은 어리석은 것이라 하겠다.

나치스獨逸의 迷妄 —

에스페란토語를 禁止하며 을림픽大會에 猶太人의 參加를 禁止하는等 여러가지 脫線的行動을 敢行하야 世人의 耳目을 놀래게하는 나치스獨逸은 지금와서는 치스獨逸은 白人優越論을 主唱하야 世界에 큰파동 을 일으키고 잇는것이다. 獨逸은 昨年三月十六日에 再軍備宣言을 發하야 베르사이유平和條約의 拘束에서 脫離하고 그後에 또 그 着着進行하고 잇는바 어니와 그릇失하엿던 第十區 旋離하고 그 民地를 再獲得하려고하는것이 世人 周知의 事實이다. 그들이 이러한 要求를 提出하려고한다는 것은 이미 에 決定하려고한다는것은 어니 와 그것이 人民投票라는 動作에잇 어서 獨逸의 現象路者들은 人民의 支持를 獲得하엿다는것을 論示하 하지아니할수업다. 그들은 求久에 依하야 國民이고 그 그喪失하엿던 第十區를 다시 찻 겟다는데 對하야 異議할 그 수는 업슬것이니 거기에對하야 國 民이 한사람이라도 反對意思를 表示할수는 업슬 것이다.

二

나치스獨逸은 이 自明한 事件 을 人民投票에 附함으로 因하야 그 國內의로는 對外的態度를 더 욱 鞏固하게하고 따라서 世界列 强에向하야 그嚴固한 意思를 表 示하야 一種의 示威를 行하랴는것 이다. 獨逸은 其일에 지금까지는 ... 하고 이 熱中하고 잇는것은 不 하니라 하겟다. 그런 ... 獨逸人은 他人種을 獨逸人은 白人種을 支配하는 ... 할것을 運命的關係에 잇는 것처럼 ... 白人種에對한것은 植民地의 ... 獨逸大學生 나치스치 ... 에서 ... 반다시 自治를管가가진 ... 에依하야 그들은 優越하엿 ... 리 白人種에對하야 ... 의 ... 하는것은 ... 하겟지마는 그들의 宿

三

히틀러總統와 어結明은 무슬리 니民가 에치오피아國을 野蠻視한것 과 같이 他를어내고잇는것과 同一한 것이니 ... 할 天의命이나 받을것 과같이 떠들어대고잇는것과 同一한 ... 나 그는 이와같이 하야 ...

귀국하는 파머박사 에스어운동에도 진력(盡力)

1936년 3월 19일(동아일보)

대정 11년 4월 말일 이래 지금까지 만 14년간 영어교습을 하여 미국에 공적을 남긴 해롤드 파머박사는 금 삼월 말로써 본국인 영국으로 돌아가게 되었다 한다.

박사는 영어학의 세계적 권위일 뿐 아니라 국제어 에스페란토의 좋은 이해자라 하여 지난 14일 오후 5시부터 동경 기독교 청년회관에서 일본 에스페란토학회 중심의 송별회가 개최되어 박사의 에스어 강연도 있었다 한다.

파머박사는 벌써 30년 전부터 에스어를 배웠고, 또 만국 에스어 대회에도 출석하는 일이 있었다 한다. 박사의 에스어 연설 요지는 다음과 같다.

에스어와 영어는 그 영역을 달리하는 고로 서로 도와가야 할 것인데, 에스어는 국제어고, 영어는 영미문화의 개별용어다. 에스어는 벌써 많이 발달하여 사회 백반의 용어로서 충분하다. 나는 귀국한 뒤에도 "베이직 에스페란토"를 만들어 400가량 되는 기본 단어를 결정하려고 한다.

에스페란토 정과(正科)로 하라

1946년 12월 26일(동아일보)

조선 에스페란토학회에서는 지난 15일 에스페란토 창안자 자멘호프 88주년 탄생식과 함께 제 2회 정기대회를 개최하여 홍형의, 곽경, 석주명 등의 강연과 임원개선이 있었는데, 특히 에스페란토의 학교 정과목 채택에 대한 결의문을 가결하였다.

최현배씨 저『글자의 혁명』평 (상)

1947년 8월 3일 ■ 석인명

　한자 안 쓰기와 한글가로쓰기에 대하여 최현배씨가 수십 년 간 노력한 것을 훌륭하게 계통을 세운 데에 먼저 경의를 표한다. 또 최현배씨의 정신과 책 내용의 대의에는 절대적 찬의를 필자도 갖고 있다.

　그러나 지엽(枝葉)에 미치는 약간의 최현배씨의 고찰들은 제외하고라도 최현배씨의 큰 두 가지의 오류를 필자는 지적하지 아니치 못하겠다. 그 하나는 에스페란토에 대한 최현배씨의 견의이고 또 하나는 로마자에 대한 최현배씨의 견해이다.

　최현배씨는 한글가로쓰기의 결론에 들어가서는 "로마자 쓰자는 말에 대하여"란 일절을 넣고 그 가운데서 여섯째 조목으로 에스뻬란또가 어떠한 의미로는 편리하고 이상적이라 하여 세계 공통어로 만들고자 하지마는 온 세계가 이를 채용하기는 꿈같이 어려운 일이고, 또 설령 온 세계가 모두 에스뻬란또를 배워 깨쳤다 하더라도 결코 각종의 말씨(언어)가 버림받을 리가 만무할 것이다. 인류는 일면에서는 공통성을 요구함은 사실이지만 다른 일면에서는 특이성을 요구함도 또한 사실이다. 아무리 공통성으로 나아간다 하더라도 거기에는 절로 면할 수 없는 특이성을 가지게 됨이 인류 문화의 진상이 아닐까?(157페이지)라고 서술하였다. 근본 최현배씨가 여기서 한 조목으로 에스페란토를 취급한 것은 전혀 포인트(초점)가 맞지 않는 일이다. 아마 로마자는 벌써 세계공통의 것이 되었으니 세계공통청(世界共通請)인 에스페란토에까지 언급된 듯하나 분명히 탈선된 소론이다. Esperanto는 "에스페란토"로 발음할 것이고, 최현배씨가 말한 "에스빼란또"가 아니다. "에스페란토"가 원음이고, 온 세계에서 다 그렇게 발음하고 있고 우리 조선사람들도 그렇게 발음하고 표현하는데 불편하지 않고, 사실에 있어서도 현재 조선의 지식인의 대부분이란 것보다 최현배씨를 제외한 전부가 "에스페란토"라고 발음하고 표현하는데 "에스빼란또"라고 발음해야 될 근거가 어디 있을까. 그럴 리도 없겠지만 만일 에스빼란또라고 조선어학회 같은데서 채택된다면 세계적으로 창피한 일이 될 것이다.

에스페란토를 사용하는 사람을 에스페란티스토라고 하는데 이제 에스페란티스토의 사상을 여기서 말해서 최현배씨나 최현배씨와 같은 정도의 인사들에게 참고의 글로 올리고 싶다. (계속)

최현배씨 저 『글자의 혁명』 평 (이)

1947년 8월 23일(동아일보) ■ 석인명

에스페란티스토들은 모두 일(一) 민족 이(二) 언어주의자들이다. 좌니 우니 하는 사상과는 전혀 관련성이 없는 것이고 자국민 간에는 모국어를 사용할 것이고 타 국민과는 공통어 즉 에스페란토로 의사를 통하자는 것이다. 그런고로 에스페란토를 배워서 세계적으로 공산주의자들의 결속을 촉진시키는 일도 있을 수가 있겠고, 또 에스페란토를 배워서 그런 일을 그 전에 방지하려는 일도 있을 수가 있겠다. 언어와 사상은 별개의 것이다. 사상이란 것은 대뇌에서 생각하는 것이고, 언어란 것은 그 사상을 발표하는데 쓰는 도구일 뿐이다.

인류는 최현배씨가 말한 바와 같이 일면에서는 공통성을 요구하면서 다 일면에서는 특이성을 요구한다. 그런고로 인류는 필연적으로 모국어와 국제어 둘을 요구하게 되는 것이다. 과도적 현상으로는 강대국의 국어가 국제어의 역할을 하게 되는 것이나 장래는 국제공통어가 국제어의 역할을 하게 될 것은 분명한 사실이다. 제국주의시대에 있어서는 강대국이 자기 국어를 국제어로 사용하려는 것은 물론이어서 현재 우리 조선에서 보아도 남쪽에서는 영어가, 북쪽에서는 소련어가 국제어처럼 역할을 하고 있는 것을 볼 수 있지 않는가. 남조선에 있어서 조선인과 미국인의 혼동석상에서 일본어가 국제어의 역할을 하고 있는 때가 현재도 얼마나 흔한가를 생각하라. 이것은 모두 과도기적인 현상이고 과학의 발달에 반(伴)하여 과학적으로 생각하는 것이 발달하는 장래에는 국제공통어로 국제어를 삼아 일(一)민족 이(二)언어주의가 지구상에 실현

되는 때가 있을 것으로 기대할 수가 있다.

이상으로 에스페란토의 역할과 에스페란티스토의 사명은 명확할 것이며 결코 최현배씨가 생각하는대로 에스페란토가 민족어를 구축하는 것은 아닐뿐더러 오히려 에스페란토는 각 민족어의 존엄과 각 민족간의 평등을 그리고 있는 것이다.

다음으로 로마자에 대한 최현배씨의 견해를 평하고 싶다.

최현배씨의 소론이 100여 페이지나 계통적으로 진전(進展)하고 끝에 와서 로마자 채택에 도달치 않은 것이 오히려 기이하다.

최현배씨는 말하기를 최현배씨의 안(案)이 로마자에 비슷하게 된 것은 "운군(運軍)방법이 간단하기 때문에 피할 수 없어 그리된 것이고, 결코 단순히 모방하기 때문으로 그리된 것은 아니다(155페이지)"라고 했으니 필연적으로 로마자에 도달했다는 말이 되겠고, 따라서 현재의 인류의 지식으로는 로마자가 이상에 가깝다는 것을 의미하는 것이 된다. (계속)

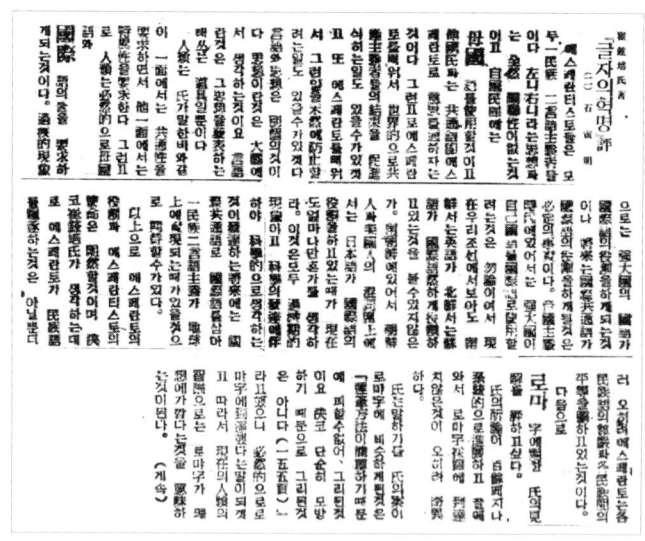

국어와 교육 고등사범강습회

1949년 8월 5일(동아일보)

　조선어학회와 한글 전용촉진회에서는 오는 16일부터 29일까지 국어와 교육량과의 고등사범강습회를 조선어학회 강당에서 개최한다는데 강사는 정인승, 최현배 등 이라하며 청강자격은 초등 중등학교 교사관 공리 기타 일반 유지로 되어있다.

　에스페란토 강좌

　시내을지로5가77에 사무소를 둔 조선 에스페란토학회에서는 다음과 같이 에스페란토 강좌를 연다는 바 다수청강을 요망한다고 한다.

　하나, 기간 8월 10일부터 한 달 동안

　하나, 강습료 500원

　하나, 강사 백남규 석남명 서(徐)

　병택 이정모

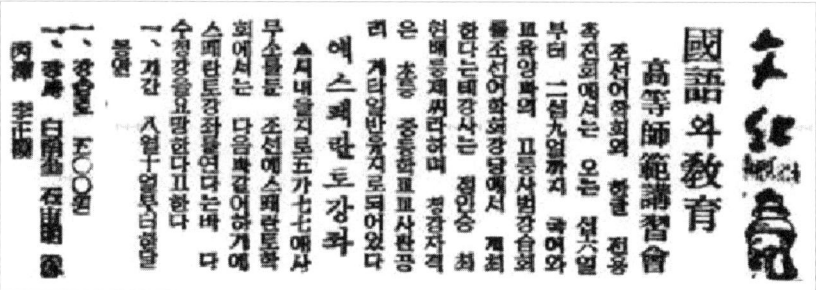

211

옮긴이 소개

서민정 __ 부산대학교 인문학연구소 HK 연구교수

『토에 기초한 한국어 문법』(2009, 제이앤씨출판사)
『근대 지식인의 언어 인식』(2009, 박이정, 공역)
『번역을 통해 살펴본 근대 한국어를 보는 제국의 시선』(2010, 박이정, 공역)
『민족의 언어와 이데올로기』(2010, 박이정, 공저)
『경계에서 만나다 : 디아스포라의 언어와 문화』(2013, 현암사, 공저)

김인택 __ 부산대학교 언어정보학과 교수

『근대 지식인의 언어 인식』(2009, 박이정, 공역)
『번역을 통해 살펴본 근대 한국어를 보는 제국의 시선』(2010, 박이정, 공역)
「의사소통 과정에서 '침묵' 행위의 사회·문화론적 해석」(2011, 코기토 69)
「통신 별명의 사회·문화론적 특성」(2011, 한민족어문학 59) 등

[언어문화총서 5]
근대 매체에 실린 언어 인식

초판1쇄 인쇄 2013년 5월 21일
초판1쇄 발행 2013년 5월 31일

옮긴이 서민정·김인택
펴낸이 이대현
편 집 이소희
펴낸곳 도서출판 역락
　　　　서울 서초구 반포4동 577-25 문창빌딩 2층
　　　　전화 02-3409-2058(영업부), 2060(편집부)
　　　　팩시밀리 02-3409-2059
　　　　이메일 youkrack@hanmail.net
　　　　등록 1999년 4월 19일 제303-2002-000014호
ISBN 978-89-5556-052-7 93710
정 가 15,000원

* 잘못된 책은 교환해 드립니다.

이 저서는 2007년 정부(교육과학기술부)의 재원으로 한국연구재단의 지원을 받아 수행된 연구임 (NRF-2007-361-AM0059).